高职高专公共基础课系列教材

大学生心理健康

主　编　何明远　邱雅楠　陈显红

副主编　杨　波　张田田　刘　昶　曾练平

参　编　沈　红　姜　山　刘　清　王慧颖

　　　　黄大炜　杨忠萍　谢　芳　张　洁

西安电子科技大学出版社

内 容 简 介

本书按照教育部《普通高等学校学生心理健康教育课程教学基本要求》编写，对大学生心理健康教育的各个方面进行了系统的总结和论述，旨在帮助大学生解决实际生活中遇到的心理困惑，促进大学生的健康成长和全面发展。全书共九章，包括大学生心理健康基础、大学生的自我意识、大学生人格的塑造与发展、大学生学习心理、大学生人际交往与心理健康、大学生情绪管理、大学生恋爱与性心理、大学生的挫折应对与压力管理、生命教育与心理危机应对等内容。

本书可作为高等学校学生心理健康教育课程的教材，也可作为广大心理健康工作者的参考书。

图书在版编目(CIP)数据

大学生心理健康 / 何明远，邱雅楠，陈显红主编. —西安：西安电子科技大学出版社，2022.10

ISBN 978-7-5606-6585-6

Ⅰ. ①大…　Ⅱ. ①何…　②邱…　③陈…　Ⅲ. ①大学生—心理健康—健康教育　Ⅳ. ①G444

中国版本图书馆 CIP 数据核字(2022)第 134632 号

策　　划　李鹏飞
责任编辑　李鹏飞
出版发行　西安电子科技大学出版社(西安市太白南路 2 号)
电　　话　(029)88202421　88201467　　　　邮　编　710071
网　　址　www.xduph.com　　　　　　电子邮箱　xdupfxb001@163.com
经　　销　新华书店
印刷单位　陕西天意印务有限责任公司
版　　次　2022 年 10 月第 1 版　　2022 年 10 月第 1 次印刷
开　　本　787 毫米×1092 毫米　1/16　印 张　11
字　　数　200 千字
印　　数　1～3500 册
定　　价　35.00 元

ISBN 978-7-5606-6585-6 / G

XDUP 6887001-1

如有印装问题可调换

前　言

青少年是国家的未来、民族的希望，青少年的心理健康素质直接影响着社会的发展进步。在长期面向大学生开展心理咨询、开设"大学生心理健康教育"课程的过程中，我们有机会直接了解大学生的内心世界，有条件针对当代大学生的心理问题，开展以培养大学生健康心理素质、维护大学生心理健康为根本目标的"心理健康教育"实践。本书的编写就是基于这些实践展开的。

本书在编写中力求体现以下原则：

(1) 秉承积极心理学思想，突出教育性和发展性。考虑到本书的读者主要是普通大学生，因此，我们在编写时遵循积极心理学思想，始终强调大学生心理健康教育的教育性和发展性功能，十分重视学生健康心理素质的培养。

(2) 相对淡化理论知识，突出实用性。大学生心理健康教育的目的不是传播心理学理论知识，而是帮助大学生解决心理问题，指导其适应大学生活，促进其健康发展。因此，本书尽量避免专业化的心理学理论知识的陈述和分析，而是针对某一心理问题展开，突出实用性，做到主题明确、语言精练、深入浅出。

(3) 强化学生主体，突出助人和自助。大学生是大学心理健康教育的主体，大学生心理健康教育的效果主要取决于大学生的主体性发挥的程度。因此，本书特别强调如何有效地调动大学生的积极性和能动性，引导大学生学会自我认识、自我调控、自我发展，达到助人和自助的目的。

本书介绍的大学生自我成长、心理适应、人格发展、情绪管理、压力管理等内容，既涉及大学生中普遍存在的人际问题、挫折应对问题、学习适应问题等现实心理问题的解决，又涉及对生命意义的追问等。这些内容不仅有助于大学生适应大学生活、成长成才，而且对大学生成功走向社会、追求幸福人生亦有指导意义。

本书在编写过程中参考、借鉴了许多国内外专家、学者的著作及文献，在此向相关作者表示诚挚谢意！

大学生心理健康教育问题非常复杂，加之编者水平有限，书中难免有疏漏，我们真诚地希望广大专家、老师、同学们提出宝贵意见，以便我们进一步完善。

编　者

2022 年 5 月

目　　录

大学生心理健康基础

所谓青春，就是心理的年轻。

——松下幸之助

学习目标

1. 了解心理学及心理健康的基础知识；
2. 理解大学生心理健康教育的意义；
3. 知道大学生心理健康的标准；
4. 掌握大学生心理发展的规律。

知识要点

1. 心理健康的含义；
2. 心理健康的标准；
3. 大学生心理困扰产生的原因与应对方法。

第一节　心理健康基础知识

现代社会，竞争日趋激烈，大学生面临着各种压力，而且压力明显增大，由此引发的各种心理问题也不断增多，大学生心理健康问题已引起了社会各界的高度关注。我国大学生心理健康教育工作起步于 20 世纪 80 年代中期，经历了一个逐步被认识、逐步受重视、逐步得到加强的过程。心理健康是大学生全面发展的重要基础，让每个大学生都掌握一些心理学与心理健康的知识已成当务之急。

一、心理学

心理学是以人类心理现象及其影响下的精神功能和行为活动为研究对象的科学。心理是大脑对客观现实的主观反映。心理现象又叫心理活动，人的心理现象是心理过程和个性心理的总称。

1. 什么是心理学

心理学一词来源于希腊文，意思是关于灵魂的科学。1879 年德国学者冯特受自然科学的影响创立了心理实验室，标志着现代心理学的诞生。

心理学包括基础心理学与应用心理学，其研究涉及知觉、认知、情绪、思维、人格、行为习惯、人际关系、社会关系、性格等领域。心理学一方面尝试用大脑运作来解释个体的基本行为与心理机能，另一方面也尝试解释个体心理机能在社会行为与社会动力中所扮演的角色。科学的心理学不仅要对心理现象进行描述，更要对心理现象进行说明，并揭示其发生、发展的规律。

2. 心理现象

心理现象是心理活动的表现形式，它是客观事物作用于人的感觉器官，通过大脑活动产生的。心理现象分为心理过程、心理状态和心理特征三类。在人的心理活动中，心理过程、心理状态和心理特征三者紧密联系。

(1) 心理过程是指在客观事物的作用下，心理活动在一定时间内发生、发展的过程。心理过程通常包括认知过程、情绪情感过程和意志过程三个方面。

(2) 心理状态是心理活动的基本形式之一，指在一段时间内相对稳定的心理活动。如认知过程的聚精会神与注意力涣散状态，情绪过程的心静状态和激情状态，意志过程的信心状态和犹豫状态等，都属于心理状态。

(3) 心理特征是指心理活动进行时表现出来的稳定特点，如：有的人观察敏锐、精确，有的人观察粗略；有的人思维敏捷，有的人思维迟缓；有的人情绪稳定，有的人情绪易波动；有的人遇事果断，有的人优柔寡断。

3. 心理实质

本质上，任何心理活动都产生于大脑，即所有心理活动都是大脑的高级机能的表现。心理是对客观现实的反映，即所有心理活动的内容都来源于外界环境。心理是外界事物在大脑中的主观能动的反映，心理活动会进一步影响到身体机能。

人们在活动的时候，通过各种感官认识外部世界，通过头脑的活动思考事物的因果关系，并伴随着喜、怒、哀、乐等情感体验。

二、生理健康与心理健康

传统的健康观是"无病即健康"，而现代人的健康观是身心整体健康才是健康。世界卫生组织提出"健康不仅是躯体没有疾病，还要具备心理健康、社会适应良好和有道德"。世界卫生组织关于健康的这一定义，把人的健康从简单的生理上的意义，扩展到了精神和社会关系(社会相互影响的质量)方面，把人的身心、家庭和社会生活的状态均包括在内。

1. 什么是生理健康

生理健康是指一个人的身体、精神等方面都处于良好的状态。生理健康包括两方面的内容：一是主要脏器无疾病，身体形态发育良好，体形匀称，人体各系统具有良好的生理功能，有较强的身体活动能力和劳动能力，这是对健康最基本的要求；二是对疾病的抵抗能力较强，能够适应环境变化，适应各种生理刺激以及抵抗致病因素对身体的作用。

生理健康与外部环境和生活习惯有关，也与自身的性格和情绪有关。

2. 什么是心理健康

心理健康是指心理的各个方面及活动过程处于一种良好或正常的状态。心理健康的理想状态是保持性格完好、智力正常、认知正确、情感适当、意志合理、态度积极、行为恰当、适应良好的状态。

心理健康是比较而言的，绝对的健康是不存在的，人们都处在较健康和极不健康的两端点连接线之间的某一点上，而且人的心理健康状态是动态变化的，而非静止不动的。人的心理健康既可以从相对不健康变成健康，又可以从相对健康变得不那么健康。因此，心理健康与否反映的是某一段时间内的特定状态，而不应认为是固定不变和永远如此的。

与心理健康相对应的是心理亚健康以及心理病态。心理健康从不同的角度看有不同的含义，衡量标准也有所不同。

三、大学生心理健康教育

每个人都会有一段时间可能出现情绪或精神方面的问题，特别对于正处于青年期的大学生来讲更是如此。正确认识和对待这些问题，保持健康和谐的心理，顺利度过大学这一重要阶段，意义非同寻常。

1. 大学生心理健康专题教育

心理健康不仅关系到大学生的生活、学习、成长，也关系到社会的发展、民族的兴旺。除了应向大学生普及心理学知识外，更重要的是应针对当代大学生存在的主要心理困惑和问题，开展专题心理健康教育。

1) 认知发展教育

认知发展教育使大学生了解认知发展的规律、特点及自身认知发展水平，然后通过常规或特殊训练，帮助大学生挖掘和认识自身的不良认知，并学会对认知进行调整。比如认知教育的一个重要内容是进行学习指导，通过学习指导使大学生迅速适应高校学习节奏，掌握有效的学习方法，养成良好的学习习惯，具备积极的探索精神，形成独立思考的能力，并能够自觉调节自己的学习心理和学习行为，提高学习效率。

2) 情绪稳定教育

情绪稳定教育使大学生了解情绪的正常状态及自身情绪变化的特点，学会用科学的手段，有效调控自己的情绪，使自己保持良好的心境和乐观的情绪，形成较强的情绪反应能力和抗干扰能力，避免情绪大起大落、两极波动和心理失衡。不良情绪是引发大学生心理问题的主要因素，大学生在生活中发生的各种过激行为，很多都是不良情绪失控导致的。

3) 意志力优化教育

意志力优化教育使大学生充分了解意志在成才中的作用和自身意志品质的弱点，帮助大学生提高调节自我、克服困难的主观能动性，学会调节激情，应对挫折刺激，增强心理承受能力，克服内部困难，提高意志行为水平，使大学生能不为偶发诱因所驱使，具有意志自觉、果断、坚持、自制的优良品质。

4) 个性健全教育

个性健全教育使大学生了解健康人格的标准及培养方式，在客观准确地认识自我、评价自我的基础上，学会修身养性，增强自我教育能力，矫正不良个性，并通过有意识地训练形成开朗、活泼、具有同情心和正义感的完善人格。个性健全教育要做到把面向全体学生的发展教育与对个别学生的矫正性指导相结合，使每一个学生的人格都得到健全发展。

5) 人际和谐教育

人际和谐教育在帮助大学生把握人际关系基本知识和人际交往特点规律的基础上，通过训练使大学生掌握一定的人际交往技能和人际交往艺术，学会与人和睦相处，与教师、同学、家长、朋友、异性等保持融洽的人际关系，懂得尊重他人、悦纳他人，善于在群体中发挥自己的才干。

6) 积极适应教育

积极适应教育使大学生积极适应自身、环境、社会的各种变化，学会调节自己学习和生活中的各种烦恼，通过有意识地训练掌握排解心理困扰、减轻心理压力的方法，保持心理和谐健康。大学生心理适应涉及学校环境、学习、生活、交往、恋爱、自我心理认识和发展、竞争、择业等许多方面的内容。大学生除了可以依靠自身努力增强社会适应能力和心理承受能力，主动进行自我调节和心理适应外，还可以依靠心理健康教育的帮助。

7) 挫折教育

挫折是导致心理障碍的原因之一。挫折承受能力差的人在活动过程中可能采取不理智的行为，如攻击行为、自毁行为等。对大学生进行挫折教育，主要是让他们了解挫折产生的原因及挫折对人的辩证的影响，懂得人是在战胜挫折中成长的，懂得逆境成才的道理，知道受到挫折后如何理智地去找出解决办法，培养耐受力，积累生活经验，锻炼出坚强的毅力和不屈不挠的意志。

2. 大学生心理健康教育的重要意义

心理健康教育对大学生成长具有重要意义，具体表现在以下几个方面：

(1) 心理健康和谐有利于帮助与促进大学生善爱自我、悦纳自我，正确认识和提升自己。

(2) 心理健康和谐有利于帮助与促进大学生清楚与自我的关系、与他人的关系和与自然的关系。

(3) 心理健康和谐有利于帮助与促进大学生更好地进行情绪管控。

(4) 心理健康和谐有利于帮助与促进大学生更好地经营人际关系。

(5) 心理健康和谐有利于帮助与促进大学生培育健康的人格。

第二节 心理健康的标准

随着时代的变迁、文化背景的变化、评价对象的不同等，心理的健康与否有着不同的评价标准。根据我国大学生的实际情况，评判大学生的心理健康水平应着重从以下几个标准来考虑。

1. 正确的自我评价

一个心理健康的人，能体验到自己的价值，既能了解自己，也能接受自己。心理健康的人对自己的能力、性格和优缺点都能做出相对客观的评价：不会高估自己，对自己具有的一些长处和优势沾沾自喜，提出不切实际的生活目标和理想；同时也不会贬低自己，为自己在某些方面存在的不足而自责、自怒、自卑。心理健康的人能接受自己，对别人的评价能做出客观的反应，自我认识稳定，并能保持积极的生活态度，努力发展自己的潜能。反之，一个心理不健康的人，不能恰当地认同自己，总存在强烈的心理矛盾冲突，对自己总是不满意，缺乏积极的自我态度，总是要求十全十美，却又总是无法达到，因此无法保持平衡的心理状态。

能否正确地自我评价，是评判大学生心理是否健康的重要标准之一。大学生是在与现实环境和与他人的相互关系中通过实践活动认识自己的。一个心理健康的大学生，对于自己的认识应当比较接近现实，尽力做到有自知之明：对于自己的优点感到欣慰但又不至于狂妄自大；对于自己的弱点和错误既不回避也不自暴自弃，善于正确地自我接受。

2. 较强的适应能力

有较强的适应能力是心理健康的一个重要特征。一个人不能有效地处理与周围现实环境的关系是导致心理障碍的重要原因。心理健康的大学生，应能和社会保持良好的接触，对社会现状有清晰正确的认识，其思想和行动都能跟得上时代的发展步伐，与社会的要求相符合；当发现自己的需求和愿望与社会需求发生矛盾时，能够迅速进行自我调节，以求与社会协调一致，而不是逃避现实，更不会妄自尊大和一意孤行，与社会需要背道而驰。

3. 满意的心境

心理健康的大学生，对自己的学习、生活和人际关系总是有一定程度的满意感，并自感有较强的适应周围环境的能力，从而获得自尊和自信。虽然他们的聪慧程度不尽相同，但由于没有心理障碍，其聪明才智都能得以充分发挥，从而取得一定的成就，赢得成功的喜悦。这种满意的心境主要来源于较高的精神修养，因而他们无论处于顺境还是逆境，都能积极进取，在拼搏中找到事业的乐趣，发掘出生活光明的一面。

4. 乐观的生活态度

心理健康的人能珍惜和热爱生活，积极投身于生活，并在生活中尽情享受人生的乐趣，进而拥有积极的人生体验。心理健康的人不管是参加朋友聚会还是独自漫步街头，总能从渺小的生活事件中体验到生命的意义。在工作和学习中，他们尽可能地发挥自己的聪明才智，并从学习与工作的成果中获得满足和激励，把学习和工作看成是乐趣，而不是负担。心理健康的大学生能正确地对待学习压力、择业竞争、情感纠葛等，以积极乐观的生活态度对待周围发生的事情，以平常心坦然处之，而不是悲观、抱怨、自暴自弃。他们把一切看作人生的阅历，看作为迎接未来艰巨挑战而做的心理准备。

5. 正常的智力

智力是指一个人的认识能力和活动能力所能达到的水平。它是人的观察力、注意力、记忆力、想象力、思维力、创造力及实践活动能力等的综合，包括在经验中学习和理解的能力、获得和保持知识的能力、迅速而成功地对新情境做出反应的能力、运用推理有效地解决问题的能力等。智力正常，是大学生学习、生活和工作的最基本的条件，是大学生胜任学习任务、适应周围环境变化所必需的能力保证。因此，智力正常是衡量大学生心理健康的首要标准。一般来说，大学生的智力都是正常的，与同龄人相比较而言，其智力总体水平是比较高的，因而衡量大学生的智力是否正常，关键是看大学生的智力是否正常和充分地发挥了效能。大学生智力正常且充分发挥效能的标准是：有强烈的求知欲和浓厚的探索兴趣；智力结构中各要素在其认识活动和实践活动中都能积极协调地参与并正常地发挥作用；乐于学习。

6. 健康的情绪

情绪健康的主要标志是情绪稳定和心情愉快。情绪健康是心理健康的一个重要指标，这是因为情绪在心理变化中起着核心的作用，情绪异常往往是心理疾病的先兆。情绪健康的内容包括：

(1) 愉快情绪多于不愉快情绪，一般表现为乐观开朗、充满热情、富有朝气、满怀自信、善于自得其乐和对生活充满希望。

(2) 情绪稳定性好，善于控制和调节自己的情绪，既能克制约束又能适度宣泄而不过分压抑，情绪的表达既符合社会的要求又符合自身的需要，在不同的时间和场合有恰如其分的情绪表达。

(3) 情绪反应是由适当的原因引起的，情绪反应与环境相适应，反应的强度与引起这种反应的情境相符合。

7. 健全的意志

意志是指人在完成一种有目标的活动时进行选择、决定和执行的心理过程。意志健全者在行动的自觉性、果断性、顽强性和自制能力等方面都表现出较高的水平。意志健全的大学生在各种活动中，都有自觉的目的性，能及时做出决定并运用切实有效的方法解决所遇到的各种困难。在困难和挫折面前能够采取合理的反应方式，能在行动中控制自己的情绪和言行，而不是行动盲目、优柔寡断、轻率鲁莽、害怕困难、意志薄弱、顽固执拗、言行冲动。

8. 完整的人格

人格在心理学上是指个体比较稳定的心理特征的总和。人格完整是指有健全统一的人格，即个人的所思、所说、所做都是协调一致的。大学生人格完整的主要标志是：人格结构的各要素完整统一；具有正常的自我意识，不产生自我同一性混乱；以积极进取的人生观作为人格的核心，并以此为中心把自己的需要、愿望、目标和行为统一起来。

9. 和谐的人际关系

社会上的人总是处在一定的社会关系之中，大学生同样离不开与人交往。和谐的人际关系既是大学生心理健康不可缺少的条件，也是大学生获得心理健康的重要途径。大学生人际关系和谐的表现是：乐于与人交往，既有稳定而广泛的人际关系，又有知心朋友；在交往中保持独立而完整的人格，有自知之明，不卑不亢；能客观评价别人和自己，善于取人之长、补己之短；宽以待人，乐于助人；积极的交往态度多于消极的交往态度；交往的动机端正。

无论心理健康的标准有多少条，其核心在于和谐，其内涵至少应该包括以下三方面：

(1) 从生理上看，心理健康的个人，其身体状况特别是中枢神经系统应当是没有疾病的，其功能应正常，没有不健康的遗传特质。

(2) 从心理上看，心理健康的个人对自我应该持肯定的态度，能正确地认知自我，明确认识自己的缺点、优点和潜能，并发展自我；有融洽的人际关系；能坦然面对现实问题，具备良好的心理适应能力。

(3) 从社会行为上看，心理健康的个人能有效地适应社会环境，能妥善地处理人际关系，其行为符合所在生活环境中文化的常模而不离奇古怪，所扮演的角色符合社会要求，与社会保持良好的接触，并能为社会做出贡献。

因此，从广义上讲，心理健康和谐是指一种高效而让人满意的、持续的、和谐的心理状态；从狭义上讲，心理健康和谐是指人的基本心理活动的过程完整、协调、一致，即认识、情感、意志、行为、人格完整和协调，能顺应社会，与社会保持同步。

第三节　大学生的心理发展

大学生大多数是 18～25 岁的青年，处于个体生理发育完善和成熟的时期。这个时期的心理发展正处于走向成熟而又未完全成熟的过渡阶段，这个时期的心理特征有其独特性，极易出现身心异步的现象，会表现出一系列的身心矛盾。

一、大学生常见的心理困扰

1. 自我认识方面的困扰

1) 自我中心

有自我中心倾向的人总是以自己的态度作为别人态度的"向导"，认为别人都应该有与自己一样的态度，而且这种人在明知别人正确时，也不愿意改变自己的态度或接受别人的意见，因而难以从态度、价值观的层次上与别人进行交往，交往的水平很低。在遇到挫折或打击时，这种人不是积极地从自身寻找原因，反省自己，检讨过失，矫正错误，而是首先想到社会和他人对自己的不公、不利，因而产生对社会、他人的不满和怨恨，心态变得消极、扭曲。

有自我中心倾向的人只关心自己的各种需要和利益，对与己无关的人和事表现冷漠，毫无恻隐、同情、助人之心，因而丧失了人性的善良，变得自私、封闭、麻木、脆弱、敏感、偏激，甚至残忍。有自我中心倾向的人，在遇到不顺和障碍时，就认为都是别人对不起自己，怨气冲天，情绪烦躁、焦虑，内心冲突强烈，有时恶语相加，有时在背后做手脚，有时采取暴力行为。

2) 虚荣

当人们把自己与相似的他人进行比较时，若自己的表现和成果不如比较对象优秀，那么相似的他人的优秀特征便会对自己产生威胁，人们便会表现出不满、自卑和嫉妒的负面情绪。这种负面情绪可能会产生心理或行为上的一种破坏力，也可能会是一种动力，用于获得更大的社会影响或社会接受度。个体只有在相对少量的领域里才关注自己的成就。如果他人在自己认为不太重要的领域取得优秀成就，便会出现反射过程，个人便吹嘘和炫耀自己，以提高自尊，这便产生了虚荣心；如果他人在个体认为很重要的领域中有优秀的成就，便会出现比较过程，使个体内心产生自卑，感觉自尊受到威胁，便会产生一系列行为或言语上的改变，这种改变也会产生虚荣心。

虚荣心会引导人去做一些只重外观而不重实质的无益工作及努力，使人经常想着自己或别人对他的看法，这会使人失去与现实的接触。虚荣心最常使人去干扰别人，那些无法在自我虚荣中得到满足的人，常努力去阻止别人充分展现其生命。有虚荣心的人总是把错误和责任推到别人身上，认为自己总是对的，别人总是错的，他们对别人的生命毫无贡献，只是一味地抱怨、找借口，不计一切代价维持个人的优越感，并保护他们的虚荣心，免得遭受"侮辱"。

3) 过度自卑或自负

大学生常见的心理困扰之一就是过度自卑或自负。自卑主要包括：学习自卑，涉及专业、外语、学习能力等；人际交往自卑，涉及家庭经济和状况、父母不如别人，与老师、同学、校友、老乡交往和与异性交往等；爱情自卑，涉及恋爱失败等；家庭自卑，涉及经济、地位、地区、幸福等；身体自卑，涉及自己的外貌，如容貌、仪表、声音、发式，自己的体型，如身高、身材、胖瘦等；能力自卑，涉及语言表达能力、运动特长、艺术特长等；个性特征自卑，涉及气质和性格等；成长经历自卑，涉及失败和挫折经历、童年的不幸经历等。

每个人生下来都存在着身心缺陷，带有不同程度的自卑感，因而产生补偿这种缺陷的需求，而且补偿往往是超额的，即不仅补偿缺陷，还发展为优点，追求优越。人生的主导动机就是追求优越，而自卑感是推动一个人获取成就的主要动力。一个人越是自卑，追求优越感的要求就越强烈。正是由于自卑，人才会去寻求补偿，否则就会得心理疾病，失去对未来生活的兴趣和勇气。

大学生自负心理的典型表现就是过高地估计自己。具有明显的自负心理的大学生在现实生活中通常有以下几种典型表现：

(1) 人际关系不和谐，具有较强的孤独感。

(2) 自控能力不强，自律观念淡薄。

(3) 在创造性内隐特征上往往表现出鲜明的综合性与矛盾性。

(4) 错误与负面的自我图式(即个体在以往经验的基础上形成的对自己的概括性认识)。

4) 过度依赖

大学生容易产生理想信念模糊、价值取向扭曲、实践动手能力缺乏、坚韧的意志品格缺乏的现象。大学生在学业、情感乃至择业中出现的种种思想困惑，都是大学教育中独立人格培养缺失所造成的。

大学生个人独立能力缺失的典型表现有：在学业中缺乏独立思考的精神，自主学习能力差，无法形成独立的学术见解，缺乏独立思考和判断的能力；在择业中缺乏独立选择的勇气，独立生活能力弱；在面对人生选择时放弃人生理想，一味追逐短期的经济利益；在情感中缺乏独立自主的精神，独立处理问题能力差。

5) 缺乏人生的目标和意义

当前，由于源于社会、家庭、学校等方面的压力，大学生的心理健康状况受到很大影响，许多在校大学生对自己的学习生活和未来走向存在着不同程度的心理上的困惑和迷茫，表现为学习上不知道学什么，行为上不知道干什么，对未来缺乏信心，心理压力较大；甚至有少数心理脆弱的同学在这种状况下出现过激行为。

6) 苛求完美

苛求完美就是对人、对事、对物提出苛刻的要求。大学生追求完美往往是因为对自己有完美期待、高标准要求自己、担心失败、做事太有条理、自省以及父母的高要求。其实，完美主义者与其说是追求完美和卓越，不如说是害怕缺点和失败。因为害怕失败，完美主义者常常在行动上犹豫不决，在选择时优柔寡断、裹足不前。完美主义者会付出比正常标准多很多的时间，结果却不一定如预想那般美好，往往得不偿失。

◈ **案例**

　　某大学女生小丽，学习成绩在班上一直是第一名。但小丽很自卑，看不起自己，在大众场合不敢发言，跟别人交流时总是不能恰当地表达自己，尤其是跟老师或陌生人谈话时，总觉得十分局促，举手投足不知该如何是好，并且脸红得很厉害。小丽很羡慕别的同学在公共场合能够从容不迫、侃侃而谈，强烈希望改变自己。为此她做过很大的努力，但一直得不到明显改变，心里非常苦恼。小丽从高中到大学很少与异性同学交往，别人评价她是个冷漠、孤傲的人。她又从小养成了以自我为中心的习惯，因此，在成长和交往的过程中，朋友越来越少，于是她慢慢地脱离了群体，把自己封闭起来。后来她开始反省自己，自责，觉得都是自己的错，时间一长，她发现自己好像已经没有脾气了，不管跟谁发生矛盾，都以为是自己的错，然后深深自责，或者把怨气闷在心里，难以与周围的同学建立一种和谐的关系。小丽非常担心毕业后不能适应社会生活，近来更是觉得自己一无是处，极度自卑，没有勇气参加任何活动。

　　讨论：
　　(1) 你是否遇到过与案例中的小丽同样的问题？
　　(2) 如果遇到过，你是如何解决的？

2. 生活适应问题

　　生活适应问题在刚进入大学的新生中较为常见。新生们来自全国各地，以前的家庭环境、受教育环境、成长经历、学习基础等相差很大，来到大学后，在自我认识、同学交往、师生交往、自然环境、社会环境等方面都面临着全面的调整和适应。由于目前大学生的自理能力、适应能力和调整能力普遍较弱，所以，在大学生中，生活适应问题广泛存在。

◈ **案例**

　　小杨是一个大一新生，自述性格属于慢热的类型，因高考失利进入了不理想的学校。进入大学后，他发现许多方面都与自己的期望相差甚远，这让他情绪沮丧。并且身边的同学大都来自不同地区，大家的生活习惯不尽相同，彼此之间又缺乏了解，由于缺少生活阅历和交往经验，同学之间的相处往往只强调"谈得来"，所以当不愉快产生之后，小杨就会陷入无端的苦闷之中，并产生一种莫名的失落感和孤独感。开学一个月，大家似乎都找到了要好的朋友做伴，只有小杨还是独自一个人，他开始慢慢产生了自我怀疑，觉得自己失败极了，对学习也失去了兴趣，感到每天度日如年。

讨论：

(1) 如果你是小杨，你会如何处理遇到的问题？

(2) 如果你是小杨的同学，你会怎么帮助他？

(3) 进入大学后你是否遇到过让你不适应的状况，如果遇到过,具体有哪些？

3. 学习困扰

大学生的主要任务是学习，学习上的困难与挫折对大学生的影响是最为显著的。大量的事实表明，学习成绩差是引起大学生焦虑的主要原因之一。由于大学学习与中学存在很大不同，所以，很多大学生都有学习方面的问题，如学习目的、学习方法、学习态度、学习兴趣等方面的问题及考试焦虑等。

4. 人际交往困扰

刚进入学校的大学生较为封闭，人际交往能力普遍较弱。进入大学后，如何与周围的同学友好相处，建立和谐的人际关系，是大学生面临的一个重要课题。由于每个人待人接物的态度和个性特征不同，再加上青春期心理固有的封闭、羞怯和冲动，都使大学生在人际交往过程中不可避免地遇到各种困难，从而产生困惑、焦虑等心理问题，这些问题严重时甚至会影响大学生的健康成长。

5. 恋爱与性心理困扰

大学生处于青春期，性发育逐渐成熟，恋爱与性的问题不容回避。总的来说，大学生接受青春期教育不够，对性发育成熟缺乏心理准备，对异性的神秘感、恐惧感和渴望互相交织，由此产生了各种心理问题，严重的还可能导致心理障碍。

6. 性格与情绪问题

性格与情绪障碍是较为严重的心理障碍，其形成与成长经历有关，原因也较为复杂，主要表现为自卑、怯懦、依赖、猜疑、神经质、偏激、敌对、孤僻、抑郁等。

7. 神经症

神经症是大学生最常见的一种心理疾病，临床表现为焦虑、抑郁、强迫、疑病等。

以上是大学生常见的心理困扰。大学阶段是一个人的生理和心理都迅速发展的阶段，由于生活环境、学习特点、人际关系等因素发生改变，许多学生表现出了不适应的情况，出现一些心理问题非常正常。对于心理问题，应该客观辩证地看待，因为心理的"正常"和"异常"并没有明确和绝对的界限。生活在现实社会中的每个人都在一定程度上存在心理问题，即人的心理问题是普遍存在的，只是严重程度不同而已。通常，心理问题根据其严重程度，分为心理困扰、心理障碍和精神病。事实上，大学生有心理障碍或精神病的学生极少，多数学生遇到的都是一般性心理困扰。因此大学生有前述的心理问题用不着惊慌失措，而是应该冷静判断，对自己的心理状态有一个客观的认识，不能仅根据一些情绪和躯体现象就轻易做出判断，更不能简单地"对号入座"。

二、大学生常见心理困扰产生的原因

大学生产生心理困扰的原因是非常复杂的，主要有以下几个方面。

1. 个体原因

大学生心理困扰的产生与自身的认知风格、个性因素等有很大的关系。

认知风格，也称认知方式，是指个体在认知活动中所偏爱的信息加工方式。认知风格主要有场依存型和场独立型、具体型和抽象型、冲动型和沉思型等。具有场依存型风格的大学生，对事物的认知加工倾向于以外部信息为参照依据，他们的态度和自我认知更易受周围人(尤其是权威人士)的影响和干扰，他们善于察言观色，从他人处获得标准。具有场独立型风格的大学生，对客观事物做判断时，常以自己内部的信息作为参照，不易受外界因素的影响和干扰，他们倾向于对事物独立做出判断。前者容易导致依赖、被动的心理倾向；后者容易导致独断、专横、听不进意见的心理倾向。

大学生个性结构中较稳定的成分是能力、性格、气质，它们表现出个体的典型心理活动和行为特征，是个体差异的重要标志。其中性格在个体的个性特征中处于重要地位，具有核心意义。性格是人在对现实的稳定的态度和习惯化的行为方式中所表现出的个性心理特征，诸如勤劳或懒惰、诚实或狡猾、勇敢或懦弱、谦虚或骄傲等，都是对一个人的性格特征的描述。这是因为一个人对现实的稳定态度和习惯化的行为方式，总与人的价值观、人生观、世界观相联系。性格体现了一个人的本质属性，具有明显的社会评价意义。而人与人之间个性特征方面的个体差异就首先表现在性格上。在日常生活中，当我们提到一个人的个性时，也主要指的是一个人的性格。从心理活动倾向性上划分，性格有外倾型性格和内倾型性格。具有外倾型性格的人心理活动倾向于外部，表现为感情流露于外，对外部事物非常关心，活泼开朗，善交际，不拘小节。拥有此类性格的人无疑是较受欢迎的。具有内倾型性格的人心理活动倾向于内部，表现为做事谨慎，深思熟虑，沉静，孤僻，反应缓慢，适应能力差，交际面狭窄。

性格良好与否直接影响着大学生的心理健康。良好的性格，尤其是勤奋刻苦、坚忍不拔、锲而不舍等性格特征，能使一个人的智慧潜能得到充分的发挥和发展，甚至能使原有的能力不足得到很好的补偿，"勤能补拙"便是这个道理。反之，不良的性格会把一个具有聪明才智的人引入歧途，产生心理问题，在损害集体和社会利益的道路上自毁、泯灭。

2. 学校教育原因

大学生的心理问题多数是从中学就开始了。长期以来，中学的应试教育使学生在身心发展方面本应受到的教育和培养受到严重的制约和影响，致使学生的许多发展课题延缓到了大学。中学时期只顾高考，其余什么也不顾，当然心理素质也不能达到应有的水平，这无形中增大了学生在大学的成长负担，主要表现为自我管理能力差、人际沟通能力差、过于单纯与幼稚、情绪波动大、性格懦弱、意志比较薄弱、心理承受力差等。

学生进入大学后，由于学习负担过重、专业选择不当、大学生活不适应、业余生活过于单调等因素，加上大学又是一个竞争激烈的环境，大学生面临着很大的心理压力。

3. 社会原因

大学生的许多心理问题是由于对环境适应不良引起的。改革开放以来，中国发生了翻天覆地的变化，人们的生活方式和价值观念与以前大为不同，人们的心理活动较之以前更加复杂。面对着如此大的变化，面对着不同以往的文化背景和多种价值选择，大学生常常感到茫然、疑虑，对个人利益与个人主义、个性发展与个性放纵、自我意识与自我中心、享受与享乐等产生认识上的模糊。

这使大学生陷入空虚、混乱、压抑、紧张的状态，在人生道路的选择上处于两难或多难的境地。长时间的心理失调必然带来心理上的冲突，出现适应不良的种种反应。

4. 家庭原因

现代心理学研究证明，家庭环境对一个人的一生会产生重大的影响，特别是早年形成的人格结构对之后的心理发展影响深远。家庭环境包括家庭人际关系、父母教养方式、父母人格特征等。

国外学者对恐惧症、强迫症、焦虑症和抑郁症四种神经症患者的早期经历与家庭关系的调查表明，这四种神经症患者的父母与正常个体的父母相比，表现出较少的情感温暖，较多的拒绝态度或者较多的过分保护。若一个人早期的信任感和安全感缺乏，随着心理发展，他会产生一种无助的性格，难以与他人相处，因而容易产生心理异常。

对独生与非独生青少年的研究表明，父母对独生子女的情感温暖和理解显著多于非独生子女，对独生子女的干涉保护多于非独生子女。城乡间不同的文化背景对父母的教养方式也有影响，父母的教育方式存在差异。所以，在大学生的各种心理问题和心理疾病中，我们常常可以看到家庭影响的痕迹。

5. 重要丧失原因

丧失即失去。大学生常出现的丧失主要有：人际关系的丧失，如失恋、朋友断交、亲人亡故、朋友亡故等；荣誉的丧失，如申报奖学金、评选优秀学生、竞选优秀干部、入党、申报课题等没有如愿；自尊的丧失；梦想的丧失等。无论什么丧失，都会给大学生造成心理负担，产生心理压力，导致心理困扰，严重时还会形成心理障碍。

三、大学生心理发展阶段

大学生在校期间的学习生活，不同阶段的心理状况是不同的。为了更深入地了解大学生的心理发展历程，可以把大学生活划分为三个阶段：入学适应阶段、稳定发展阶段和趋于成熟阶段。

1. 入学适应阶段

新生对大学生活从不适应到适应的过程，称为适应阶段。新生进入大学，首先面临的就是从中学生活到大学生活的急剧转变。生活环境的变迁、人际关系的变化、学习方式的改变等，都使他们心理上感到陌生而难以适应。他们整个身心处于动荡不安之中，原有的、习惯化的心理结构被破坏，心理平衡被搅乱，周围全是陌生的面孔、陌生的事物。在一片陌生之中，新生需要逐步开始新的生活，在克服各种不适应的同时，建立新的心理结构，以达到新的心理平衡，从而开始真正的大学生活。

2. 稳定发展阶段

这一阶段是大学生活全面深化和发展时期。大学生刚入学时的不适应已基本消除，大学生活进入相对稳定的阶段。此时的大学生对一些问题的认识和处理有了自己的主见和理智，不再单纯和盲目。他们开始认真思考人生之路，确立自己的奋斗目标并为之努力。这一阶段是大学生活最主要、最持久的阶段，在这一阶段中，大学生会遇到许多新问题、新情况，这要求大学生做出抉择和回答。大学生极强的可塑性在这一阶段得到充分的展示，每个人都按自身独特的方式塑造着自己。他们会遇到许多锻炼的机会，会有克服困难获得成功的喜悦，也会产生困惑、苦恼，甚至难以自拔。然而，多数大学生正是经过了种种磨炼才成长起来的。

3. 趋于成熟阶段

这个阶段是大学生从学生生活向职业生活过渡的阶段。大学生经过三四年的生活和学习，世界观、人生观逐步形成，心理日渐成熟。面对又一次环境变迁、角色变化，大学生心理将再起波澜。此时的大学生已接受了严格的专业训练和独特的校园生活的陶冶，自主感较强，自我意识也有了很大的提高，对未来的生活道路产生了种种设想，这些设想多数可能与现实有一定差距。因此，大学生在此阶段必须开始做走向社会的心理准备，进一步深入地了解社会，把握好自己在社会中的位置，准备迎接新的挑战。

四、大学生心理发展的特点

大学生心理发展的一般特点有以下几方面：

(1) 抽象思维迅速发展但易带主观片面性。

大学生随着身心发展趋于成熟，学习的知识越来越多，思维训练越来越复杂，其抽象思维能力也获得迅速发展，并逐渐占据思维活动中的主导地位。他们在思考问题时，不再满足于一般的现象罗列和获得现成的答案，而是力求自己探讨事物的本质和规律。他们喜欢进行比较系统的理论论证，对事物的因果规律有浓厚的探讨兴趣，思维的独立性、批判性日益增强，思维的深度、广度、灵活性与创造性也有较好发展。

不过，他们抽象思维的水平还没有达到完全成熟的程度，思维品质的发展也不见得平衡，在认识复杂社会问题时还易出现简单、主观、片面、想当然、脱离实际或固执偏激的不良倾向。由于个人阅历浅、社会经验不足，他们看问题时容易钻牛角尖，并且掺杂过多的个人感情色彩，缺乏深思熟虑，往往有偏激、过分自信和固执己见的倾向。他们还不太善于运用唯物辩证法观点和理论联系实际的观点指导自己的认识活动和观察社会现象。从思维的发展来说，大学生的理论型抽象思维居于主导地位，同时带有对自我的苛求和追求完美以及对现状的不满，因此，大学生的思维缺乏客观性。

(2) 情感丰富但情绪波动较大。

大学生富有青春气息，对生活充满激情和活力。随着他们对大学生活逐步熟悉、适应和深入体会，以及与社会的交往和联系的增多，他们的社会性需要增强，情感也日益丰富、发展、完善。这些体现在具体的学习、生活、劳动和人际交往的过程中，带有明显的时代性、社会性和政治性。这种情感在大学生世界观、人生观、价值观的逐步确立及支配下，会迅速从广度和深度发展，逐渐成为其情感世界的主流。大学生在情感日渐丰富的同时，对情绪控制的能力也在不断地增强。

不过，无论从生理、心理和社会的角度看，还是从青春期情绪丰富而不稳定的角度来看，当大学生受到内心需要和外界环境影响的强烈刺激时，他们的情绪容易产生较大波动，进而表现出两极性——既可能在短时间内从高度的振奋变得十分消沉，又可能从冷漠突然转变为狂热。同时，大学生的情绪还存在着外显性与内隐性的矛盾，这种矛盾冲突也给大学生带来了较多的情绪适应问题，使大学生常常体验到挫折与焦虑。

(3) 自我意识增强但发展不成熟。

自我意识是人对自己及自己与周围环境关系的认识，包括对自己存在的认识，对个体身体、心理、社会特征等方面的认识。这种认识主要是通过自我观察、自我检验、自我评价、自我调节、自我完善来实现的。大学生十分关注对自我的认识，能够根据自身、周围环境及社会现实正确认识自己，恰当地为自己定位，给自己的学习和未来发展做精心设计和准备，并进行心理和行为上的努力。他们大多数对自己的评价与别人对他们的评价比较一致。大学生借助他人评价和社会评价认识自己，但又不完全依赖于别人的评价，具有明显的独立性、自主性和自信心。他们不喜欢别人指手画脚、干涉指责，或者继续把他们当作未成年人看待，期待社会把他们看作是成熟的人，并得到他人的尊重。

另外，由于大学生自身社会生活的知识、能力和经验等不足，他们中的相当一部分人还不善于正确处理自我完善与社会发展需要的关系，还没有确立立足现实、做长期艰苦奋斗的心理准备。他们往往对自己估计过高，还不善于倾听不同的意见，难以理解他人、尊重他人，常常表现出自命不凡、刚愎自用的倾向；有少数人难以充分了解和正确认识自己，不能坦然承认和欣然接受自己，常缺乏自信、妄自菲薄。他们一旦遇到自己无力解决的困难或某种挫折时，容易产生对现实不满的过激行为或强烈的自卑感，甚至导致行为失控，做出不理智的事情来。心理健康的大学生不仅自我心理结构相对稳定，而且能够在新环境或新经验的基础上，对自我进行适当的调整。相反，有心理障碍者则往往不能及时协调自我心理结构，从而对行为和心理健康产生不利的影响。因此，大学生自我意识的发展状况充分反映出他们正处于迅速走向成熟但未完全成熟的心理特点。

(4) 意志水平明显提高但不平衡、不稳定。

随着社会知识经验的增多，大学生对社会和人生的意义有了更深刻的认识。大多数人已能逐步自觉地确定自己的奋斗目标，并根据目标制定和实施计划，排除内外障碍和困难去努力实现奋斗目标，其意志的自觉性、坚韧性、自制性和果断性都有了较大发展。他们的世界观、人生观、价值观逐步确立，他们出于对目标价值的认同和受到目标强烈的吸引激励作用，会为实现奋斗目标而克服前进道路上的各种困难和障碍，表现出坚强的意志力。

但大学生意志发展水平不平衡、不稳定。一般来说，他们意志的自觉性和坚持性发展水平较高，但果断性和自制性发展相对缓慢一些，这主要表现在他们处理关键问题或采取重大行动时，优柔寡断、摇摆不定，或草率武断、盲目从众。大学生意志水平在不同活动中的表现不一样，即便是同一种活动，心境的好坏也会使意志水平表现出较大差异。

(5) 人格发展基本成熟但不完善。

人格由气质、性格等因素构成，是相对稳定、具有独特倾向性的心理特征的总和。人格影响人的身心健康、活动效率、潜能开发及社会适应状况。它是在长期实践中形成和发展起来的，反映了一个人的心理面貌。大学生处于身心急剧发展和自我意识由分化、矛盾逐渐走向统一的特殊时期，这是他们人格发展的重要时期。

当代大学生人格发展中有成熟积极的一面，如能正确认识自我、智能结构健全合理、对社会环境的适应能力较强、富有事业心、具有一定创造性和竞争意识、情感饱满适度等。但也有相当一部分人存在着不同程度的人格发展上的缺陷或不完善，如自卑、懒惰、拖拉、粗心、鲁莽、急躁、悲观、孤僻、多疑、抑郁、狭隘、冷漠、被动、骄傲、虚荣、焦虑、自我中心、敌对、冲动、脆弱、适应性差等。大学生良好的人格是在正确认识自我的基础上，通过不断学习、实践、优化、完善来实现的。

 实践练习

(1) 列出让你感觉幸福的 5 件事。

_____

_____

_____

_____

(2) 这些让你感觉幸福的事情容易出现在你的生活中吗？

_____

_____

_____

(3) 如果不容易出现，想想是为什么。

_____

_____

_____

(4) 以这种感觉能时常出现在我们的生活中为标准重设幸福指标。

_____

_____

_____

_____

思考题

1. 怎样理解心理健康？
2. 大学生心理健康教育的意义是什么？
3. 大学生心理健康的标准包括哪些方面？
4. 大学生心理发展有哪些阶段？
5. 大学生心理发展有哪些特点？

大学生的自我意识

世界上最重要的事情就是认识自我。

——蒙田

学习目标

1. 能够正确认识自我；
2. 掌握自我意识发展的特点；
3. 认识自我意识的偏差，并学会调节。

知识要点

1. 自我意识的概念；
2. 自我意识发展的规律；
3. 大学生自我意识调适的方法。

第一节　自我意识概述

　　自我意识的确立是大学生心理发展的重要标志之一，对大学生人格的形成、心理的发展起着重要作用。大学阶段的自我意识是大学生以前的自我意识的继续与深化，同时又与之有着本质的不同。这一时期，大学生自我意识从分化、矛盾走向统一，对于其一生都有着特别重要的意义。

一、自我意识的概念

　　自我意识就是指一个人对自己的认识，即个体对自己的身心状况与特征和自己与他人、与周围世界的关系的意识。它是人格结构的核心部分，是人的意识的本质特征，是一种多维度、多层次的心理系统。平时我们常说"我觉得我观察问题有点粗心大意""我觉得我是个急性子的人""我认为我能完成这项工作""我觉得我对某某的感情发生了变化"等，这些对自己的感知、情感、意志等心理活动的意识，对自己与客观世界的关系，尤其是人际关系的意识，以及对自身机体状态的意识，都属于自我意识之列。

　　一般来说，自我意识包括以下三个方面的内容。

1. 个体对自身生理状态的认识和体验

　　个体对自身生理状态的认识和体验是指对自己的身高、体重、容貌、身材、性别等的认识以及对生理病痛、温饱饥饿、劳累疲乏等的感受。如果一个人对自己的生理不能自我接纳，如嫌自己个子矮、不漂亮、身材差、皮肤黑等，就会讨厌自己，进而感到自卑和缺乏自信。

2. 个体对自身心理状态的认识和体验

　　个体对自身生理状态的认识和体验是指对自己的知识、能力、情绪、兴趣、爱好、性格、气质等的认识和体验。如果一个人对自己的心理自我评价低，如嫌自己能力差、智商不高、情绪起伏太大、自制力差等，就会否定自己。

3. 个体对自己与周围关系的认识与体验

　　个体对自己与周围关系的认识与体验是指对自己在群体中的地位、作用以及自己和他人的相互关系的认识、评价和体验。如果一个人认为周围的人不喜欢自己，不接纳自己，找不到知心朋友，就会感到很孤独、寂寞。影响个体自我意识的因素除了个人的自我态度、成长经历、生活环境以外，他人评价，特别是生命中的重要人物如父母、家人、老师、朋友、同学等的态度和评价，也会对自我意识的发展产生重要影响。

二、自我意识的分类

自我意识可以从不同的角度进行分类。从知、情、意可以把自我意识分为自我认识、自我体验和自我控制。

1. 自我认识

自我认识是主观自我对客观自我的认识与评价，自我认识是自己对自己身心特征的认识。自我评价是在这个基础上对自己做出的某种判断，正确的自我评价，对个人的心理生活及行为表现有较大影响。如果个体对自身的估计与社会上其他人对自己的客观评价距离过于悬殊，就会使个体与周围人之间的关系失去平衡，产生矛盾，长此以往，将会形成稳定的心理特征，如自满或自卑，这不利于个人心理上的健康成长。自我认识在自我意识系统中具有基础地位，属于自我意识中"知"的范畴，其内容广泛，涉及自身的方方面面。进行自我认识训练时，重点应放在三个方面：一是让自己认识到自己的身体特征和生理状况；二是认识到自己在集体和社会中的地位及作用；三是认识到内心的心理活动及其特征。自我评价是自我意识发展的主要成分和主要标志，是在认识自己的行为和活动的基础上产生的，是通过社会比较实现的。一般情况下，人的自我评价能力不高，对自我的评价往往不是过高就是过低，大多属于过高型。因此，要提高自我评价能力，应学会与同伴进行比较，通过比较做出评价；还应学会借助别人的评价来评价自己，学会用一分为二的观点评价自己。由于自我评价是自我认识中的核心成分，它直接制约着自我体验和自我调控，所以，进行自我意识训练，核心应放在自我评价能力的提高上。

2. 自我体验

自我体验是主体对自身的认识引发的内心情感体验，是主观的我对客观的我所持有的一种态度，如自信、自卑、自尊、自满、内疚、羞耻等。自我体验往往与自我认知和自我评价有关，也与自己对社会的规范和价值标准的认识有关，良好的自我体验有助于自我监控的发展。进行自我体验训练，就是让人有自尊感、自信感和自豪感，不自卑，不自傲，不自满，随着年龄增长让人懂得做了错事要感到内疚，做了坏事要感到羞耻。

3. 自我监控

自我监控是主体对自身行为与思想言语的控制，具体表现为两个方面：一是发动作用；二是制止作用，也就是支配某一行为，抑制与该行为无关或有碍于该行为进行的行为。进行自我认知、自我体验的训练的目的是进行自我监控，调节自己的行为，使行为符合群体规范，符合社会道德要求，并通过自我监控调节自己的认识活动，提高学习效率。提高自我监控能力，重点应放在由外控制向内控制转变上。自我约束能力较低的人，常常在外界压力和要求下被动地从事实践活动，比如只有教师要求做完作业后检查时，才会进行检查。针对这种现象，应学会如何借助外部压力，发展自我监控能力。

自我意识从内容上可以分为生理自我、社会自我和心理自我。生理自我是指个体对自己身体的意识，如"我认为自己长得很胖、她的身材很好"等；社会自我是个人对自己在社会关系、人际关系中所处角色的意识，包括个人对自己在社会关系、人际关系中的作用和地位的意识，对自己所承担的社会义务和权利的意识等，如"我是一个很受欢迎的人，他是一个没有责任感的人"。伴随着社会自我出现的同时，心理自我也形成和发展起来。心理自我就是个人对自己心理的意识，包括个人对自己的性格、智力、态度、信念、理想和行为等方面的意识。如"我是一个性格外向的人""我对自己的理想充满信心"。个人对自己生理的、社会的、心理的种种意识，也是密切联系在一起的。因而，每个人都有对他人的看法和态度，于是自我意识就有其独特的形式和内容。

从自我认知的自我观念来看，自我意识又可以分为投射的自我、现实的自我和理想的自我。现实的自我也称现实我，是个人从自己的立场出发对自己目前实际状况的看法；投射的自我也称镜中自我，是个人想象中他人对自己的看法。个人会想象他人心目中自己的形象，想象他人对自己的评价，并由此产生自我感，如"我在同学们心目中的形象比较完美"就是投射自我的表现；现实的自我即个人对自己现实的观感，不一定与镜中自我的观感完全相同，两者之间可能有距离。当这个距离加大时，便会感到自己不为别人所了解；理想的自我也称理想我，是指个人想要达到的完善的形象，如"我的理想是当一名科学家，我想做诚信的人"等。理想我是个人所追求的目标，不一定与现实我是一致的。理想我虽非现实，但它对个人的认识、情绪和行为的影响很大，是个人行为的动力和参照系统。

第二节 自我意识的发展及发展特点

一、自我意识的形成与发展

社会文化学派的人格心理学家、现代自我心理学的创始人之一艾里克森认为，人的自我意识发展持续一生，自我意识的形成和发展过程可以划分为八个阶段(如表 2-1 所示)，这八个阶段的顺序是由遗传决定的，但是每一阶段能否顺利度过却是由环境决定的，所以这个理论可称为自我"心理社会"发展阶段论。

表 2-1 自我发展阶段

期别	年龄	心理危机	发展顺利	发展障碍
婴儿期	0～1 岁	对人信赖—对人不信赖	对人信赖，有安全感	与人交往焦虑不安
婴儿后期	2～3 岁	活泼主动—羞愧怀疑	能自我控制，行动有信心	自我怀疑，行动畏首畏尾
幼儿期	4～5 岁	自信—退缩内疚	有目标，能独立进取	畏惧退缩，无自我价值感
儿童期	6～11 岁	勤奋进取—自贬自卑	具有求学、做事、待人的基本能力	缺乏生活基本能力，充满失败感
青少年期	12～18 岁	自我同—角色混乱	自我观念明确，追求方向肯定	生活缺乏目标，时感彷徨迷失
成人前期	19～25 岁	友爱亲密—孤独流离	成功的生活，奠定事业、感情基础	孤独寂寞，无法与人亲密相处
成人中期	26～60 岁	精力充沛—颓废迟滞	热爱家庭，实现自我价值	自我放纵，不顾未来
成人后期	60 岁以上	完美无憾—悲观绝望	随心所欲，安享天年	悔恨旧事，徒呼抱负

人的自我意识必须经历这八个阶段，每个阶段都是不可逾越的。在每一个心理发展阶段中，解决了核心问题之后所产生的人格特质，都包括了积极与消极两方面的品质，如果各个阶段都向积极的品质发展，就算完成了这阶段的任务，逐渐实现了健全的人格，否则就会产生心理危机，出现情绪障碍，形成不健全的人格。

二、自我意识发展的规律

1. 自我意识分化

青年期自我意识的发展是从明显的自我意识分化开始的。原来完整笼统的"我"被打破了，出现了两个"我"，即"主观的我"和"客观的我"，大学生既是观察者又是被观察者。伴随着主我和客我的分化，"理想我"与"现实我"也开始分化。此时的大学生开始主动、迅速地关注自己的内心世界和行为，产生新的认识和体验，由此引起种种激动、焦虑、喜悦的情绪，自我沉思增多，要求有属于自己的空间，渴望被理解、被关怀。

2. 自我意识冲突

由于自我意识分化的出现，大学生开始意识到自己以前不曾注意的许多有关"我"的问题，主体我与客体我的矛盾、理想我与现实我的距离加剧了自我冲突，使得自我不能统一、自我形象不能确立、自我概念不能形成，因此表现出明显的内心冲突，甚至有很大的内心痛苦和强烈的不安感。此阶段表现为他们对自我的评价往往是矛盾的，对自我的态度常常是被动的，对自我的控制是不果断的。

3. 自我意识统一

自我意识分化、矛盾带来的痛苦不断促使大学生寻求方法以求得自我意识的统一，即达到自我同一性。自我同一性是指主体我和客观我的统一，理想我与现实我的统一，也表现为自我认识、自我体验、自我监控的和谐统一。自我意识的矛盾冲突，常常给大学生带来不安或心理痛苦，他们总是力图通过自我探究来摆脱这种不安与痛苦。在自我意识的矛盾冲突中，大学生的自我意识也在不断调整、发展，他们极易寻求新的支点，寻找自我意识的统一点，整合自我意识。由于自我意识具有复杂性与多维性，大学生逐渐在多维度中审视自我、调整自我，向理想自我靠近。这也是我们常说的自我同一性的建立。从多维度观察的自我同一性越高，大学生自我意识的发展越好，人格越完善。

由于每个大学生的生活经验、成长环境、心智发展水平以及追求的目标等方面都存在着差异，因此其自我意识分化、矛盾、统一的途径会有所不同，结果也不一样。

三、自我意识发展的特点

大学生在成长过程中，自我意识发展主要呈现出矛盾性、不成熟性和不稳定性的特点。

1. 自我意识的矛盾性

大学生自我意识的矛盾性主要是由于大学生缺乏社会经验、不成熟等原因造成的，这种矛盾性主要体现在以下几个方面。

(1) 主观自我和客观自我的矛盾性。主观自我是自己所认识和评价的我，客观自我是他人所认识和评价的我。自我评价与他人评价之间往往存在着差距，这就构成了主观的我和客观的我之间的矛盾。这种矛盾使得大学生对自我的认识模糊，弄不清自己究竟是怎样一个人，在自我情感体验上也产生较大的波动。主观的我和客观的我之间的矛盾能促进自我认识的发展，维持个人原来的自我认识和评价，使大学生继续按个人的意愿向前发展。

(2) 理想自我与现实自我之间的矛盾。理想自我是在自己头脑中塑造的、自己所期望的未来的自我形象；现实自我则是通过个人的实践反映到头脑中的真实的自我形象。理想自我形象构成以后，人们常不自觉地把自己理想化，因而与现实自我发生矛盾。理想自我和现实自我之间的矛盾，既可能激励个人努力改善现实自我的状况，向理想自我的目标迈进；也可能导致个人降低理想自我的标准，甚至放弃对理想自我的追求。

(3) 自我意识的独立性和依赖性的冲突。大学生生理与心理的成熟使他们渴望独立，渴望以独立的个体面对生活、学习与工作中遇到的问题，但长期的校园生活使他们本应有的社会阅历与经验相对匮乏，所以当应急事件出现时，却又盼望父母、老师和同学能够为自己分担压力和责任，期望得到其他人的帮助。另外，大学生心理上的独立与经济上的不独立也形成了鲜明的反差，在他们迫切希望摆脱约束、追求自立的同时，却又不可能真正摆脱家长、老师的支持和帮助。但是大学生的独立并非意味着独来独往，独立并非不需要任何人的帮助和指导，并非不需要依赖别人，而在于个人必须对自己的行为负责任。

2. 自我意识的不成熟性

大学生自我意识发展的不成熟性有许多表现，概括起来主要有以下几个方面。

(1) 自卑。自卑表现为对现实自我的认识评价过低，认为现实自我与所确定的理想自我差距太大，经过努力也难以达到。怀着这种自我认识的人，往往表现为过分地对自己进行自我批评，如对自己的身高和容貌不满意，对自己的能力和性格不满意，批评自己的一些不该受批评的方面。这种对自己的苛求，使其陷入困境，并由此转向孤独、沉默。

(2) 自大。自大表现为对现实自我的认识和评价过高。怀着这种自我认识的人，常表现为狂妄自大，有点成绩就自以为了不起，得意忘形，忘掉了现实中的我，忘记了客观社会对自己的制约，甚至以自我为中心，不愿意服从任何人，追求脱离社会现实的目标和"理想"，一旦受到挫折又喜欢抱怨，人际关系紧张。自大的人在逆境时往往会从内心否定自己，甚至自暴自弃，一蹶不振。

大学时期是大学生自我意识发展的重要时期，大学生应该特别注意防止出现自我意识发展的不良倾向，向着完善的自我意识的方向努力。

3. 自我意识的不稳定性

(1) 波动性。青年期是个体一生发展的最重要时期，也是有较大变化和波动的时期，生理的成熟、知识经验的丰富与人生体验的贫乏都对青年的心理形成了巨大的冲击。外界种种复杂变化的刺激目不暇接，造成了青年情绪上的不稳定性，表现为自我意识中的自我体验上的波动性，既容易产生积极肯定的情感体验，又容易遭受打击走向极端。现代大学生面对的社会环境与以往不同，社会经济发展的不平衡、家庭背景的巨大差距、激烈的人才竞争、就业形势的严峻等问题复杂多样，都会对大学生的内心世界产生强烈冲击，导致心理失衡。如果大学生自己不能进行妥善的自我调节，就很容易走向自我体验的极端化，影响自我的身心健康水平甚至产生不良的社会后果。

(2) 多变性。随着大学生知识经验的增长，人际交往关系的扩大，生理和心理的进一步成熟以及对自我内心活动的关注，个体出现了许多以往少有的自我体验，如自爱自怜、自责自怨、自负自卑等。王登峰研究青年大学生自我体验的结构结果表明：中国青年大学生自我体验包含两个主导维度——正情绪和负情绪，二者相互对立。正情绪包括接受、精力充沛、喜爱和满意等；负情绪包括精神低落、自我否定、对不良刺激的情绪反应及自我扩张等。

第三节　自我意识的发展偏差及调适

大学生处于心理迅速成熟但又尚未完全成熟的时期，自我意识还在不断发展中。传统观念影响下的大学生，在当前多元化的人生观和价值观的冲击下，在复杂多变的社会环境的影响下，如果缺乏正确的引导和自省，其心理很容易出现各种发展偏差，进而产生心理缺陷。

一、大学生自我意识的发展偏差

1. 过分的自我接纳与过度的自我否定

过分的自我接纳是指大学生过高地估计自己，不切实际地高估自己的能力和优点，看不到自己的缺点和不足，却把别人看得一无是处，在与人交往时，盲目乐观，自以为是，听不进别人的意见和批评。生活中，不少大学生经常把自己看作是有价值的、令人喜欢的、优越的、能干的人。过分自我接纳的人容易产生盲目乐观、骄傲自满的情绪，认识问题往往有些偏激和固执，且行动目标往往是自己力不能及的，因此很可能在实际行动中遭遇失败和挫折，从而引起情感损伤，严重时还会导致自我扩张的不健康心理。

相对地，过度的自我否定就是不喜欢自己，不能容忍自己的缺点和不足，否定、指责、抱怨、苛求自己。恰当的自我否定可以使人反省自己，完善自己，但过度的自我否定往往会使人忽略自己的优势，看不到自身的价值，过分关注和夸大自己的不足，严重的会自暴自弃，丧失对生活的兴趣和信心。

2. 自我中心和从众心理

个体在自我意识的发展过程中，最初的萌芽和发展是建立在自我中心这一基础上的。大学阶段是自我意识发展最重要的阶段。大学生强烈关注自我，往往愿意从自我的角度、标准去认识、评价和行动，容易出现以自我为中心的倾向。当这种倾向与某些不健康的思想意识和不良的心理特征结合在一起时，就会出现过分的、扭曲的自我中心意识。极端的自我中心意识不仅严重影响一个人的自我形象，影响良好思想品质的形成，严重的自我中心者甚至会对自己、他人和社会造成危害。

大学生中与自我中心相反的另一现象是从众。从众是指个体在群体的影响下，放弃自己的意见而求得与大多数人一致的自我保护行为，这是人们常说的"随大流"的一种心理表现。大学生生活在特殊的大学校园环境中，加上处于大学生这个特殊的年龄阶段，基本上都有一个被普遍认可的价值观或者行为标准，因此很容易出现从众的现象。如助人情景中跟随大家旁观，暴乱中跟随大家一起破坏，校园内部出现某种流行的服饰或者是发型，大学生都会跟随这种大流，即从众。盲目从众是很多大学生都有的倾向，也是自我统一发展中的问题之一，过强的从众心理实际上是依赖反应，缺乏主见和独立意识，自己不思考或依赖别人思考。事实上，世界上任何人都不可能在任何事情上都独立、随心所欲，但个人应能主宰自己的思想和观念。大学生在对待与自己有关的事情上，应该学会独立思考、勇于独立思考，坚持自己所认为的正确观念，不受他人的影响，保持自己的独立性和个性，这是克服从众心理最基本的，也是最重要的途径。

3. 过分的独立意向与依赖

独立意向是大学生自我意识发展最显著的标志之一。独立意向也称独立感，是指个体希望摆脱监督和管制的一种自我意识倾向。很多大学生把独立理解成"万事不求人"，即不需要别人的帮助，其结果是在现实生活中，遇到困难和挫折时只能自吞苦果，活得很累。其实，独立并不意味着独来独往、我行我素和万事靠自己，而是指在感情上、行为上个体能对自己负全部的责任。一个真正成熟的个体是独立的，他对自己负责任，但不排除接受他人的帮助。另一方面，长期的校园生活使大学生的社会阅历和经验相对匮乏，当应激事件出现时，却又希望父母、老师和同学能够替自己分忧。大学生心理上的独立与经济上的不独立形成了鲜明的反差。在他们迫切希望摆脱约束、追求自立的同时，却又不可能真正摆脱家长、老师的支持和帮助。特别是对于某些独生子女来说，由于长期受到父母的溺爱，这种独立与依赖的矛盾就表现得非常突出。过分的依赖使大学生缺乏对事物的判断能力与决断能力，显得优柔寡断，缺乏主见；而过分的独立又使部分大学生陷入"不需要社会支持"及"凡事都要靠自己"的陷阱，采取我行我素、孤傲自立的行为方式，一旦遭遇挫折时又会出现不知道如何寻求帮助的情况。事实上，任何心理成熟的独立的人，都需要他人的帮助，广泛的社会支持是个体心理健康不可或缺的。

二、大学生自我意识的调适

大学生的自我意识存在各种矛盾和偏差，这些矛盾和偏差已经成为阻碍其身心健康发展的重要原因。由于几乎每个大学生都存在自我意识矛盾和偏差，引导和教育大学生形成完善的自我意识，是大学生心理健康教育的重要内容之一。能否保证大学生具备健康的自我意识还关系到他们在面对其他心理问题时能否进行有效地自我干预、调节和接受他人的积极帮助，因此，这一问题显得更加重要。对于大学生来说，各种自我意识障碍的主要根源在于个体不能进行理性的自我认知。理性的自我认知，是个体获得积极的自我体验，进行良好的自我控制、自我设计、自我完善的前提。因此，引导大学生建立理性的自我认知，是促进大学生自我意识健康发展的重要方法之一。对自我意识进行调适主要有以下途径。

1. 正确认识自我

大学生只有正确认识自我，全面地评价自己，才能形成正确的自我意识。要正确全面地了解自己，就必须看到自己的长处和短处，把握自己与群体的关系和自己在社会中所处的位置，从而对自我做出恰当的评价。正确认识自我是健全自我意识的基础，有利于调适现在的我和构建未来的我。如果一个人能够对自己有一个全面、正确的认识和评价，就能够扬长避短，取长补短，根据自己的实际情况，选择相应的目标并为之努力奋斗。正确认识自我主要有以下途径。

1) 用正确的社会价值尺度评价自己

大学生要熟悉社会生活、观察社会现象，积累社会经验，了解人生意义，才能找到合适的社会尺度，否则就可能做出错误的判断与评价。不能正确评价自己的人或者全面否定自己的人，对自己诚实、善良、正直等品质视而不见；只看到自己自私、优柔寡断、能力欠缺等缺点。有的人以自我为中心，过高评价自己，结果却脱离社会现实；有的人面对社会生活中的一些消极现象，惊慌失措，无可奈何，对生活丧失信心。所以大学生应学会从乐观、积极的一面体验社会和人生。

2) 多方位多角度来认识和评价自己

(1) 通过与他人比较来认识和评价自己。大学生生活在大学校园中，身边的同学各有所长，通过比较能看到自己与别人在某些方面的差距，为自己寻找今后努力的方向，从而使自己变得更加优秀和成熟。但是在生活中，往往有些大学生会用自己的长处和身边人的短处比较，从而产生骄傲自满的情绪，使自己停滞不前；还有的同学会用自己的短处同别人的长处比较，从而产生自卑情绪，或者过分自尊而产生嫉妒心理。在同别人比较的过程中应该综合分析，全面比较，才能客观公正地评价自己，确定个人的奋斗目标和行动计划。

(2) 从他人的态度中认识自己。有心理学家认为，当一个人的自我评价与别人对他的客观评价有较大程度的一致时，表明他的自我意识较为成熟。了解他人对自己的看法，有助于发现被自己忽视的问题。在与他人的交往中，他人的态度就是一面镜子，也就是客观上的参照尺度，可以用来观测自身、求得对自己的正确认识。如果很多人讨厌、嫌弃自己，不愿意和自己交往，或者一起共事，自己就应该好好反省自己在哪些方面存在问题，加以调整和改正。

(3) 通过自己的活动结果来认识自己。人人都有自己潜在的天赋和才能，如果不及早发现，有意识地加以开发，才能就可能被埋没。因此，应参加多方面的活动，使自己的天赋与才能得到挖掘。一方面通过不断地探索与尝试，可以从不同的角度了解自己的兴趣、能力和意向；另一方面通过参加各项活动，可以从中找到最适合自己的发展方向，对自己形成较为客观的认识，建立对自己的信心，从而确立人生目标，更好地发展自己。

3) 不断反省自我

大学生可以通过反省、分析自己来进行自我认识。大学生已具备了内省的能力，能够与自我进行内心的对话，对自己的内心世界加以分析，使自己不但成为被观察的主体，也成为自我观察的对象。要给自己独处的时间和机会，以便反省过去发生的事情，思考自己未来的活动。如通过反省，思考自己有哪些事情做得比较完美，值得肯定和鼓励；有哪些事情做得不好，应该吸取经验教训，争取今后做得更好，对存在问题的地方，要有意识地加以调整。

2. 积极地悦纳自我

什么是悦纳自我？悦纳自我就是个体对自身以及自身所具特征持有的一种积极的态度，既能欣然接受自己现实中的状况，满意于自己的某些长处，也允许自己有不足的地方，坦然地面对自己的缺陷。心理学研究证明，心理健康者更多地表现出对自我的接受和认可，而心理障碍者则明显表现出对自我的不满和排斥。有些大学生对自己的容貌、性格、才能、家庭等一些方面不满，而又无力改变，便产生自我排斥的心理，这是心理幼稚的一种表现。人总要对自己有所肯定又有所否定，并且在自我意识的发展中建立起二者的动态平衡。否则，对自己的不满过于强烈，就会加剧心理矛盾，产生持续紧张的心理，这样不仅使自己感到活得很累，还可能引发心理问题，严重的可能出现悲剧。

大学生要积极地悦纳自我，就应该积极评价自己，这是促使自我产生自尊感、克服自卑感的关键。大学生在自己获得成功时，应该自我鼓励，使自己充满自信。同时大学生应该坚信：只要真正付出努力，同等条件下，别人行，我也一定行；人无完人，金无足赤；失败是成功之母；失之东隅，收之桑榆。

3. 发展自我、完善自我

在自我意识的发展中，同学们不仅要认识自我，悦纳自我，而且还要发展自我、完善自我，设计自己的未来，为自己描绘一个理想的我，并努力去追求。大学生应该有较高的抱负和远大的理想，"千里之行，始于足下"，即大学生应该从点滴小事开始，从行动开始，发展和完善自我。发展和完善自我可以从以下几方面做起。

(1) 确立明确、合乎自身实际的行动目标。个体行为是否有目的性会给其行为结果带来差异。有目的指向的行为较无目标指向的行为成就大得多。因为明确的目标能够诱发人的动机，强化人的行为，并促使其向预定的方向努力。如一些大学新生，一进大学就根据自身情况树立比较明确的目标，并且根据目标制订详细的学习和生活计划，在大学毕业的时候，这部分学生就比没有明确目标的同学取得的成绩好。

(2) 培养顽强的意志力。许多大学生为自己树立了远大的理想和目标，但在努力的过程中，却没有足够的自制力和意志，经受不住挫折和打击。在实现人生目标的路上，既有各种本能欲望的干扰，又有各种外界诱惑的侵袭，本能的欲望常令人失去理智，如贪图安逸、追求物欲等；外界诱惑容易使人偏离正确的前进轨道，丧失奋进的斗志，放弃对远大目标的追求。主宰自己的行动就需要有较强的自我控制力，以理智地约束自己的情感，把握自己的行为。自我控制的动力来源，在于从根本利益和长远利益上去看问题。有些诱惑之所以对个体很有吸引力，是因为它充分地显示了表面的、暂时的利益。大学的学习生活中充满了各种不良诱惑，如果不能抵御，作为学生，最终可能在考场上难以过关，在就业竞争中处于不利地位。如果能想到自己的根本利益和长远目标，就会有控制自己的动力，进而抵御表面的、暂时的不良诱惑。

(3) 塑造健全人格。人格是一个人在与其环境相互作用的过程中所表现出来的独特的思维模式、行为方式和情感反应的特征，它组织着人的经验并形成人的行为和对环境的反应。因而人格不仅是人的心理面貌的集中反映，而且是人心理行为的基础，它在很大程度上决定了人对外界的刺激做出怎么样的反应，包括反应的方向、形式和程度等，因而会直接影响人的身心健康、活动效果、潜能开发以及社会适应情况，进而也将影响一个人包括生理、心理和社会文化素质在内的综合素质的发展。健康的自我意识的形成，除了要有对自我的正确认知外，还要有健全人格的支持。帮助大学生培养积极、和谐、健全的人格，对其健康的自我意识的发展将起到良好的生成和促进作用。

 实践练习

(1) 你眼中的自己是什么样子的？用五个词来形容自己。

_____

_____

_____

_____

(2) 找到班级中五名同学，请他们每人对你评价一句话。

_____

_____

_____

_____

(3) 同学对你的评价与你自己对自己的评价哪些是一致的，哪些是不一致的？

_____

_____

_____

_____

(4) 同学对你的不同评价，自己之前是否意识到？听到不一样的评价，你的感受是什么？

_____

_____

_____

_____

思考题

1. 什么是自我意识？自我意识有哪些类型？
2. 大学生自我意识发展的规律和特点是什么？
3. 大学生自我意识的发展偏差主要表现在哪些方面？
4. 如何培养健康的自我意识？

大学生人格的塑造与发展

习惯形成性格，性格决定命运。

——约·凯恩斯

学习目标

1. 了解人格的相关知识；

2. 积极主动塑造良好的人格；

3. 了解自身的能力、气质、性格，结合自己的人格特点健康生活。

知识要点

1. 人格的概念与特征；

2. 人格的主要类型；

3. 人格障碍的概念与特点；

4. 人格障碍的类型；

5. 积极人格特质的培养方法。

第一节　人　格　概　述

一、人格的含义与特征

人格是指个体在对人、对事、对己等方面的社会适应中行为上的内部倾向性和心理特征，是能力、气质、性格、需要、动机、兴趣、理想、价值观和体质等多方面的综合表现，是具有动力一致性和连续性的自我，是个体在社会化过程中形成的独特的身心组织。一个人的人格表现在知、情、意等心理活动的各个方面，包括个人的认知能力、行为动机、情绪反应、人际关系、态度和信仰体系、道德价值等。

人格是一个具有丰富内涵的概念，按照心理学的描述，人格具有以下几个基本特征。

1. 人格的整体性

人格的整体性是指人格虽有多种成分和特性，但这些成分和特性是错综复杂的，是相互联系、相互作用的一个有机的整体。人格是人的整体精神面貌的表现，人格倾向性和人格特征不是孤立地存在着，也不是机械地联合在一起，而是相互联系、相互制约、相互作用组成一个完整的人格。

2. 人格的独特性

人格的独特性是指人与人之间的心理和行为是各不相同的，是由某些和别人共同或相似的特征以及完全不同的特征错综复杂地交织在一起构成的。由于遗传、家庭教育、学校教育、周围社会环境、时代背景等方面的差异，人格的形成和发展必然会各不相同。每个人都有自己独特的个性特点。

3. 人格的社会性

人格是个体在生物遗传的基础上形成的，人的自然生物性构成了人格的基础，影响着人格的发展方向和方式。人格是社会人所特有的。

4. 人格的稳定性

人格的稳定性是指个体拥有较为持久的、一再出现的、定型的心理品质，个体在不同生活情景中都表现出大体一致的心理状态，个人行为中也会偶然表现出一些心理特征和心理倾向，但这些偶然行为并不代表个体的人格特征。强调人格的稳定性并不意味着它在人的一生中是一成不变的，随着生理的成熟和环境的变化，每个人的人格都会随着现实环境的改变或多或少地发生变化。

二、人格的类型与发展

在人格的形成和发展过程中，人格与气质和性格的关系最为密切。就人格与气质的关系而言，没有离开人格的气质，也没有缺乏气质的人格。性格是对人格的评价，人格是对性格的再评价。

1. 人格的类型

瑞士心理学家卡尔·荣格提出从心理特征的角度对人格进行分类，可以分为外倾感觉型、外倾直觉型、外倾思维型、外倾情感型、内倾感觉型、内倾直觉型、内倾思维型和内倾情感型这八种基本类型。

1) 外倾感觉型

这种类型的人依据感觉估量生活价值，讲究实际，情感体验肤浅，对事物存在的意义不作更多的思考。

2) 外倾直觉型

这种类型的人凭直觉观察事物和解决问题，不安于稳定的情境，不能保持长久的追求和对目标的兴趣，对反复出现的日常事物容易厌倦，总是不断转移方向。

3) 外倾思维型

这种类型的人重视理解自然现象和客观事物的规律，重思考而不重感情，喜欢分析问题，处理问题讲究逻辑顺序，有较强的判断和鉴别能力。

4) 外倾情感型

这种类型的人容易感情用事，情绪反应强烈，热情奔放，爱浮华虚饰，喜怒无常。

5) 内倾感觉型

这种类型的人不能深入到事物的内部，重视个人内心的感觉，在事物与自我之间凭借知觉观察一切，缺乏实际的思想和情感。

6) 内倾直觉型

这种类型的人不关心外部事物，以自己的意象为主，从一个意象跳跃到另一个意象，而不能把持超出个人直觉的范围，内心充满幻想。

7) 内倾思维型

这种类型的人不关心外界现实，以自我以主，情感冷漠，与人疏远，倔强偏执，不体谅他人。

8) 内倾情感型

这种类型的人情感沉着、不向外表露、沉默寡言、对人冷淡、有抑郁情绪，有时表现为恬静、深沉，给人以自信自足之感。

2. 人格的发展

每个人的人格塑造都会经历不同的发展阶段，一般分为萌芽期、重建期和成熟期，每个时期具有不同的特点。

1) 萌芽期

萌芽期是指人从出生到进入青春期之前。婴儿出生 3 至 8 个月时，便可区分"我"和"他"；成长到 8 个月至 1 岁时，对自我开始有些模糊的认识；2 周岁时，开始确立作为个体的一些基本概念，如性别、年龄等。后期在父母和老师的教育下，在生理上提高了动作的协调性和自控能力，逐步能比较自如地运用语言，在心理上形成了初步的性格及情绪反应方式等。随着怀疑感的产生，也会对周围的事物提出问题，并逐步发展到在一定程度上对周围世界进行观察与思考。在观念上因灌输等产生了朦胧、机械的道德观、价值观等。在这个时期，人的行为以模仿为主，依赖性很强，自觉程度低，缺乏个体的主动性。

2) 重建期

重建期是指从青春期开始到青年期结束。该时期是人格突变、重建和产生新知的时期，也是人的生理和心理都处于显著变化的时期。身体的急剧发育和性的成熟，使青年在关心自己的身体和探索自己的内心世界的同时，也开始关心他人对自己的评价。人在这个时期由过去的依附走向独立，由无忧无虑的儿童成长为需要承担责任和义务的成年人。在心理方面，气质、性格、情感、态度等都开始由易变转向稳定，独立意识增强，学会用自己的眼睛去审视世界，确立自己的世界观与人生观。因此，人格在此阶段得到调整、修正和完善。

3) 成熟期

成熟期是指从成年期一直到老年期。随着自我意识的日趋成熟，人在社会中的位置和适应性得到强化，人格特质也逐步稳定，行为方式进一步稳固，社会角色得到确立，由过多的自我调节向积极参加社会生活迈进；开始专注于各自的事业，发挥才干，为社会谋利益并进一步实现人生价值，同时会关注、维持家庭及教育子女；在事业和情感上会产生全面的体验和认识，心理上若遇到强烈刺激也会趋于平稳。

3. 大学生人格发展的特点

大学生人格发展的一个突出特点是自我认识、自我控制水平提高。他们常常会主动观察自己，自觉地分析、总结和评价自己的态度及行为，并积极作出调整以达到适应环境和完善自我的目的。这一特点主要表现在以下几个方面。

1) 能正确认识自我

正确认识自我表现在以下几点：

(1) 能自我认可，接受一切属于自我的东西，包括接受自己的外貌、才智、出身以及由此带来的影响；能够接受生活中不可避免的冲突和挫折，经得起一切不幸遭遇和打击，从而形成对自己的积极看法。

(2) 自我客体化，对自己所有和所缺的都十分清楚和明确，理解现实自我与理想自我的差别，知道如何看待自己与别人的差距。

(3) 有稳定的自我，有明确的奋斗目标和愿望，并为此而努力。

2) 对社会环境的适应能力较强，不断进行社会化

该特点主要表现在以下几点：

(1) 对客观世界具有浓厚的兴趣，有着广泛的活动范围和许多爱好，关心国内外大事，积极参与各种政治活动和公益事务。

(2) 具有良好的人际关系网络，能与多数人形成良好的关系，交友广泛，富有同情心和爱心，没有占有欲和嫉妒心，能容忍自己与别人在价值观与信念上的差别。

(3) 具有现实性知觉，能根据事物的实际情况看待事物，而不是根据自己的主观愿望来看待事物。

3) 富有事业心，具有创造性

该特点表现在以下几点：

(1) 能把事业看成生活的重要组成部分，能争分夺秒地去完成有价值的事业

与工作，不随便浪费时间。

（2）在事业上既具有竞争意识又具有协作精神，具有开放性思想意识，稍有保守思想。

（3）喜欢创造，在事业上具有勇敢的精神，甘愿冒险，独力性强，做事有恒心、信心、决心，并且一丝不苟。

4）情感饱满适度，意志坚强可控

该特点表现在以下几点：

（1）情感丰富多彩，积极情绪体验在生活中占主导，情绪表现的强度和持续的时间能为他人所接受。

（2）在工作和生活中，既不轻信盲从，又能集思广益，做决定时能当机立断，具有目的性、坚韧性、坚持性和自制性。

5）智能结构健全而合理

该特点表现在，具有良好的观察力、记忆力、思维力、注意力和想象力，没有认知障碍，各种认知能力能有机地结合并发挥其应有的作用。

第二节　常见的人格障碍

一、人格障碍的含义与特点

1. 人格障碍的概念

人格障碍是指在个体发育成长过程中，因遗传、先天以及后天不良环境因素造成的一种个体心理与行为的持久性的固定行为模式，这种行为模式偏离社会文化背景，会使自己或他人遭受痛苦，给个人或社会带来不良影响。人格的异常会破坏个体行为的目的性和统一性，即行为没有目的、自制力差，给人以与众不同的特异感觉，在待人接物方面表现尤为突出。人格障碍通常开始于童年、青少年或成年早期，人格障碍有可能会导致精神疾病的产生。

2. 人格障碍的类型

1）偏执型人格障碍

偏执型人格是以明显的猜疑或偏执为主要特征的一类人格障碍，多见于男性。这类人表现固执，敏感多疑，过分警觉，心胸狭隘，好嫉妒；自我评价过高，把自己看得过分重要，倾向于推诿责任，拒绝接受批评，对挫折和失败过分敏感，如受到质疑则出现争论、诡辩、甚至冲动攻击和好斗的表现；常有某些超价观念和不安全感，不愉快，缺乏幽默感。这类人经常处于戒备和紧张状态之中，寻找他人对自己有怀疑和偏见的根据，对他人的中性或善意的动作，歪曲而采取敌意和藐视的态度，对事态的前后关系缺乏正确评价，容易发生病理性嫉妒，易发生偏执狂或偏执型精神分裂症。

2) 分裂型人格障碍

分裂型人格障碍又称关闭型人格障碍，一般在童年早期开始产生并长期存在，其主要表现为退缩，孤独，沉默，隐匿，不爱交往；情绪缺乏和冷漠，不仅自己不能体验欢乐，对人亦缺乏温暖；爱好不多；过分敏感且害羞；胆怯；有怪癖；对表扬和批评均反应不良；未丧失认识现实的能力，但常表现出孤立行为；趋向白日梦和内省性隐蔽；活动能力差；缺乏进取心，对人际关系采取不介入的态度；缺乏性兴趣；缺乏亲密关系和知心朋友。

3) 反社会型人格障碍

反社会型人格障碍是人格障碍中对社会影响最为严重的类型，多见于男性。此类人格障碍的特征是具有高度的攻击性，缺乏羞惭感，不能从经历中吸取经验教训，行为受偶然动机驱使，社会适应不良。

4) 冲动型人格障碍

冲动型人格障碍又称攻击型人格障碍，其主要特征为情绪不稳定且缺乏冲动控制。具有这种人格障碍的人常因微小的刺激而突然爆发非常强烈的愤怒和冲动，自己完全不能克制，可能出现暴烈的攻击行为，行动时感到愉快，满足或放松。

5) 表演型人格障碍

表演型人格障碍又叫癔症型人格障碍，该类人格障碍主要表现为人格不成熟和情绪不稳定，常以自我表演、过分的做作和夸张的行为引人注意；暗示性和依赖性特别强，自我放任，不为他人考虑，表现出高度的自我中心；难以与周围人保持长久的社会联系，渴望得到理解和评价；容易感到受到伤害。

6) 强迫型人格障碍

强迫型人格障碍的特征为过分要求严格与完美无缺，具有此类人格障碍的男性多于女性。这类人以十全十美的高标准要求自己，希望所做的事完美无瑕，对任何事物都要求过严，事后反复检验，苛求细节，过分自我关注和责任感过强。为此他们表现焦虑，总是感到紧张和苦恼；平时拘泥细节，小心翼翼，甚至对生活小节也要程序化，若不按照要求做就感到不安，甚至重做；对自身安全过分谨慎，常有不安全感；对计划的实施反复检查、核对；过分迂腐，刻板；对需要解决的问题时常犹豫不决，推迟或避免作出决定；业余爱好较少，缺少社交往来，工作后常缺乏愉快和满足感。

7) 焦虑型人格障碍

焦虑型人格障碍的特征是持久和广泛的内心紧张及过度的忧虑体验，如过分的敏感、不安全感及自卑感；时常感到紧张，提心吊胆，总是需要被人喜欢和接纳；对拒绝和批评过分敏感，常因夸大生活中潜在的危险而回避正常的社会活动，生活方式受到明显的限制。

8) 依赖型人格障碍

依赖型人格障碍又称无力型人格障碍或被动型人格障碍，是一种过分顺从别人意志，严重缺乏独立性，将本人的需要依附于别人的人格障碍。这类人的特征是缺乏自信，不能独立活动，难以自己主动确定计划，时常把自己置于从属的地位，一切悉听他人决定；为了获得别人的帮助，随时需要有人在身旁，独处时会感到极大的不适，与亲密的人中断联系或孤独时，感到失助或焦虑不安。

3. 人格障碍的特点

人格障碍的类型多种多样，表现形式也不尽相同，之所以统称为人格障碍，是因为其具有一定的共性，也就是说具有相同的特点，主要体现在以下几个方面。

1) 一般开始于青春期阶段

人格障碍的特征一般从幼儿期就会显现出来，但是该时期人格的可塑性和可改变性较大，当成长至青春期时，一些人格障碍的突出特征才会变得显著且较为固定。

2) 心理紊乱

心理紊乱是人格障碍的显著行为特征，具有人格障碍的人行为比较怪异，具体表现为偏执、怀疑他人，行为方式难以理解或矛盾，严重的还会带有反社会心理。

3) 遇错不从自身分析原因

具有人格障碍的人在生活中遇到困难的事情往往归咎于命运不好，遇到挫折或做错事将责任推脱于他人，不从自身找原因，不做客观分析，一味责怪外界环境。

4）行为后果有害

具有人格障碍的人，其行为后果常常伤及和致痛别人，会自觉或不自觉地侵犯他人，甚至会给社会安定造成诸多不利的影响。

5）仇视、猜疑外界

具有人格障碍的人容易将自己的猜疑、仇视和固有的看法带到日常生活中，看到别人比自己优秀，容易表现出嫉妒、仇视的心理，思维意识狭隘。

6）否认自己的人格障碍

具有人格障碍的人对自己的怪癖和不良行为没有正确认识，不会通过自我反思了解并分析自身心理问题，其心理缺陷通常由他人揭示。

二、人格障碍形成的因素

人格障碍的形成机制非常复杂，目前科学研究尚未完全了解清楚，一般认为与先天遗传因素、心理因素以及社会环境因素有关。

1. 先天遗传因素

对刚出生的婴儿进行观察发现，有的婴儿哭声洪亮，好动，是兴奋型；有的婴儿哭声细微，安静，是抑制型。这样的神经类型的特点显然是遗传的。而且，有人对双生子的精神病同病率问题进行了调查，发现同卵双生的同病率显著高于异卵双生的同病率。对被寄养的婴儿的研究也表明，经过寄养的精神病人的子女患精神病的概率也比正常人的子女高得多。说明与精神病患者的血缘关系越近，病态人格的发生率越高，表明遗传对人格的影响确实存在。

2. 心理因素

心理发展过程中受到精神创伤，对人格的发育有着重大的影响，是未来形成人格障碍的主要因素。一个人若有迅速消除恐惧反应的自主神经系统的功能，就具备迅速、强大和良好的习得性抑制能力；反之，若自主神经系统反应迟缓，则习得性抑制能力就缓慢和软弱。

3. 社会环境因素

在个体发展过程中，后天环境对人格的形成有着重大影响。后天环境的影响来自多方面，如家庭、学校、大众传媒、社会风气等。

家庭是人成长生活的主要场所，父母的教育方式和家庭环境对人格的形成有着重要的影响。学校教育、同学关系等也影响着人格的形成。大众传媒迅速地向人们提供社会事件、新闻消息，还向人们提供各种不同的价值标准、行为规范等，对个体的发展也起着潜移默化的影响。社会上的不良风气，不合理现象等影响着青少年的道德价值观，容易使青年产生对抗、愤怒、压抑、自暴自弃等不良心理，进而发展出人格障碍。

三、人格障碍的自我矫正方法

人格障碍一般形成于童年或少年时期，具有人格障碍的人，其内心体验背离生活实际，所以矫治比较困难。目前主要的对策是实行"综合治理"，即通过家庭、社会、学校的共同努力，尤其是使本人有所认识，积极配合，不懈地努力改造。同时配合心理治疗，如认知疗法、行为疗法、集体疗法等，均有一定的作用。下面简要介绍几种人格障碍的自我矫正方法。

1. 反向观念法

人格障碍者大多伴随有认识歪曲现象，反向观念法即是改造认识歪曲的一种有效方法。反向观念法是指自己主动与自己原有的不良自我观念唱反调，原来是以自我为中心，现在则应逐渐放弃自我中心，学习设身处地地为他人着想；原来爱走极端，现在则学习多方位考察问题，来点"中庸"；原来喜欢规则化，现在则偶尔放松一下，学习无规则地自由行事。

采用反向观念法克服缺点的要点是：先对自己的错误观念进行分析，然后提出相反的改进意见，在生活中努力按新观念办事。这种自我分析可以定期进行，也可以在心情不好或遭受挫折时进行。认识上的错误往往被内化成无意识的观念，通过上述自我分析，就可把无意识的东西上升到有意识的自觉层次，这有助于发现和改变自己的不良人格状态。

2. 习惯纠正法

人格障碍者的许多行为已成为一种习惯，破除这些不良习惯有利于人格障碍的矫正。以依赖型人格为例，实施习惯纠正法有三个要点：

(1) 清查自己的行为中有哪些事是习惯性地依赖别人去做的，有哪些事是自己独立作决定的，每天做记录。

(2) 将自主意识很强的事归纳在一起，如果做了，把这当做一件值得庆贺的事，以后遇到同类情况应坚持做；如果没做，以后遇到同类情况则应要求自己去做；对自我意识差，没有按自己意愿做的事，提出改进的方法，并在以后的行动中逐步实施。

（3）找一个信赖的人做监督者，并与监督者订立双边协议，当有良好表现时，请监督者对自己予以奖励；违约时，请监督者对自己予以处罚。

3．行为禁止法

对于人格障碍者的许多不良行为，可以采取行为禁止法矫正。如，偏执型人格障碍的人对一件事忍无可忍将要发作时，可以默念如下指令："我必须克制住自己的反击行为，我至少要忍十分钟，我的反击行为是过分的，在这十分钟内，让我分析一下有什么非理性观念在作怪。"采取这种方法后，不久就会发现，每次发生令自己怒不可遏的事，只要忍上几分钟，用理性观念加以分析，怒气便会随之消减。不少自己认定极具威胁的事，在忍耐了几分钟后，会发现灾难并未降临，此前的紧张不过是自己无谓的担忧罢了。

4．情绪调整法

人格障碍者多伴有情绪障碍。例如，表演型人格的情绪表达太夸张，旁人无法接受。采用情绪调整法首先要做的便是向自己的亲朋好友做一番调查，听听他们对自己的看法。对他人提出的看法，应持全盘接受的态度，千万不要反驳，然后扪心自问一下，上述情绪表现哪些是有意识的，哪些是无意识的；哪些是别人喜欢的，哪些是别人讨厌的，对别人讨厌的坚决予以改进，对别人喜欢的则在表现强度上力求适中。对无意识的表现，将其写下来，放在醒目处，不断地自我提醒。此外，可请自己的好友在关键时刻提醒，或在事后对自己的表现进行评价，然后从中体会自己情绪表达的不当之处。这样坚持下去，情绪表达就会越来越得体和自然了。

第三节　积极人格特质的培养

一、积极心理学与积极人格特质

20 世纪 90 年代，积极心理学在美国诞生。与传统心理学研究不同的是，积极心理学是一个致力于研究人类建设性力量和美好道德品质等积极方面的心理学思潮，主张心理学的工作重心应着眼于研究和培养人固有的积极潜力，促使个体健康并生活幸福。

积极人格特质又叫人格优势，积极人格理论来源于积极心理学的主张，倡导人关注人格中的积极力量，认为人格形成过程中存在不同因素的交互耦合作用。如今，积极心理学家已经建构起了"人格优势的价值实践分类体系"。该体系提出，人类本性中有六大美德，即智慧、勇气、仁慈、正义、节制与超越，这六大美德里面包含了个体人格中的 24 种优势。详见表 3-1。

表 3-1　人格优势的价值实践分类体系

美　德	人　格　优　势
1. 智慧 认知优势：知识的获得和应用	① 创造性；② 好奇；③ 开放性、全面看待问题的眼光；④ 好学；⑤ 远见卓识
2. 勇气 情感优势：面对内外冲突亦要完成目标的坚定意志	⑥ 真实性，真实地表达自己；⑦ 英勇，面对挑战、威胁和苦难毫不退缩；⑧ 坚持不懈；⑨ 热情，充满动力和激情地生活
3. 仁慈 人际交往优势：照顾他人和友好地面对他人	⑩ 善良；⑪ 爱与被爱的能力；⑫ 社交智能
4. 正义 文明优势：促成健康社区生活	⑬ 公平、平等；⑭ 领导能力；⑮ 团队合作精神
5. 节制 处世优势：避免无节制带来的伤害	⑯ 宽恕；⑰ 谦逊、适度；⑱ 谨慎；⑲ 自我管理
6. 超越 性格优势：将人类与自然、宇宙相联系，使生命具有更深层"意义"	⑳ 对美的欣赏和领会；㉑ 感恩；㉒ 希望；㉓ 幽默；㉔ 对更高目标、更有意义的生活的信仰

二、积极人格特质的培养

心理研究的终极目标是增强人们的幸福感，发现、培养、放大个体积极的人格特质，有助于从根本上帮助其预防心理疾病，提升幸福感。

1. 认识自我，发现优势

每一个人在人格上都有自己的优势和不足。传统心理学聚焦于人的不足，努力帮助人改善不足，去掉问题，但是这违背了"人无完人"这一规律，在教学和咨询实践中往往容易出现事倍功半的结果。太阳也有黑点，人世间的人和事也不可能没有缺陷。而积极心理学更多地采用"扬长避短"的方法，聚焦于人的优势和美德。

其实，人格塑造也就是为了实现优化人格整合，以达到人格的健全。人格整合的基本含义是：随着个体心智的成熟，个体内在的各项人格特征发展到和谐一致的状态的过程。我们应本着"天生我材必有用"的积极乐观心态，把目光聚焦于自信、勇敢、勤劳、坚毅、善良、正直等积极人格特质，并努力将其积极影响发扬光大。

2. 学习"积极心理案例"

传统的心理案例都是病理性案例，比如广泛性焦虑、抑郁、强迫和精神分裂等，这样的案例能提醒我们关注自身心理状况、预防心理疾病的发生，但同时也容易给我们带来负面的心理暗示，把我们的思维引向消极。

俞敏洪怎样从一个自卑的农村孩子成长为一个成功的创业者，实现把一个小小的培训学校做大、做强，并成功上市的神话；马云具备一些什么样的积极品质，使得他能成功地带领一群人创造阿里巴巴的神话；华人赵小兰自身的哪些积极品质使得她能克服身在异国他乡的种种困难，登上美国劳工部部长的席位。积极的心理案例能带给我们信心和激情，能激发我们的正向思维，进而激励我们积极乐观地去一步步实现自己的目标。

3. 积极参加各项实践活动

实践是发现和培养积极人格特质的必由之路。无论是知识的汲取、能力的培养，还是意志力的磨炼，都离不开实践。勤奋、细致、乐观和坚韧等积极人格特质都是在实践中发现并培养的。积极参加社会实践有助于帮助自己改掉不良人格特质，强化积极人格特质。

积极人格特质的培养是一个细水长流的事，不是一蹴而就的，只有踏踏实实、勤勤恳恳、持之以恒地磨砺自己，才能最终养成更多积极的人格特质。

4. 磨砺心理弹性

心理弹性是由逆境激发出来的潜能和建设性力量，心理弹性强的人能够轻松面对压力、逆境和挫折，有效调控情绪与行为，能不断提升自己的综合素质，积极主动地适应社会。

当我们面临逆境等不利因素时，来自个人特质、家庭环境、社会支持三方面的保护性因素，会交互影响而构成心理弹性的动力系统，促使我们的心理弹性得到进一步的发展，以保护我们免受逆境伤害，增进身心健康。

5. 勤学善思

培根说："读史使人明智，读诗使人灵秀，数学使人周密，科学使人深刻，伦理学使人庄重，逻辑修辞学使人善辩，凡有所学，皆成性格。"无知或者知识短缺，容易使人认知狭隘、生活被动，进而产生自卑、脆弱、冲动、鲁莽等不良人格特征。相反，知识面广、认知深刻的人容易养成理智、豁达、聪慧、坚韧、自信等积极人格特质。

博览群书，参观博物馆，观看优秀影片，可以丰富我们的文化内涵，陶冶我们的情操，修养我们的性情，升华我们的人格。

 实践练习

(1) 你是否愿意表现自己的才华？

_____

_____

_____

_____

(2) 你是否关注自己的形象？

_____

_____

_____

_____

(3) 你是否看重别人对你的评价？

_____

_____

_____

_____

(4) 选择一个你崇拜的人，总结其身上的特征与品质。

_____

_____

_____

_____

思考题

1. 什么是人格？人格具有哪些特征？

2. 什么是人格障碍？常见的人格障碍有哪些？

3. 人格障碍的形成与哪些因素有关？

4. 积极人格特质的培养方法有哪些？

大学生学习心理

学而时习之，不亦说乎？

——孔子

学习目标

1. 学会心理调适的方法；
2. 学会评估自己的学习能力；
3. 树立正确的学习目标。

知识要点

1. 学习的概念；
2. 大学生学习的特点；
3. 大学生学习的方法和策略。

第一节 大学生学习概述

一、学习的内涵

1. 学习的含义

学习有狭义和广义之分，狭义的学习是指通过阅读、听讲、思考、研究、实践等途径获得知识的过程；广义的学习是指人在生活过程中，通过获得经验产生的行为或行为潜能的相对持久的方式。学习有不同的水平，各种水平的学习都能引起适应性的变化，学习是后天的习得性活动。

人类的学习具有以下几方面的特点：

(1) 人类的学习离不开对几千年来人类社会历史所积累的知识经验的继承；

(2) 人类的学习是有目的的，是主动积极的；

(3) 人类的学习既包括间接经验的获得，也包括直接经验的获得。

人的一生都在学习，通过学习不仅可以保持有机体与环境的动态平衡，还能产生改造客观世界的力量。

2. 学生的学习

学生的学习是狭义的学习，是学生在学校里的学习，是在教师的指导下，有目的、有计划、有组织、有系统地进行的，是学习的一种特殊形式，它有特定的学习内容和多种多样的学习方式。

学习是一个复杂的心理和生理融合的行为过程，在心理层面主要包含以下几个方面的机制结构。

1) 学习兴趣

学习兴趣指一个人对学习的一种积极的认知倾向与情绪状态。学生对某一学科有兴趣，就会持续地、专心致志地钻研它，从而提高学习效率，否则学生只是被动地接受。

2) 学习动机

学习动机是引起和维持个体的学习行为以满足学习需要的心理倾向，它是推动学生学习的内部动力，在学习过程中具有重要的作用。

3) 学习态度

学习态度是指学习者对待学习活动所表现出来的情感差异，分为积极态度与消极态度。学习态度往往决定着学习效果，学习态度是可以改变和培养的。

4) 学习计划

学习计划是指对自己将要完成的学习任务进行详细地计划与安排。学习计划可分为短期学习计划、中期学习计划和长期学习计划。

5) 学习能力

在现实生活中，有的人学习得很快，有的人却学习得既慢又辛苦，原因何在？这就是一个人的学习能力的体现，是一个人完成学习任务时所表现出的个性心理特征，简单来讲就是在学习中获得信息、筛选信息、应用信息、创造信息的能力。

6) 学习策略

所谓学习策略，就是学习者为了提高学习的效果和效率，有目的、有意识地制订有关学习过程的复杂方案。

7) 学习习惯

大学生良好的学习习惯是在学习活动中逐渐养成的，包括自主学习的习惯、规划学习的习惯、知识运用的习惯、创新思维的习惯等。

8) 学习的自我评定力

学习者学习中"事倍功半"的现象往往是由于看不到自己所使用的学习方法的不足之处，因此，要想获得"事半功倍"的学习效果，学习者需要对自己的日常学习情况有意识地进行监控和评价，并及时对自己的学习方法做出调整。

二、大学生学习的特点

大学生学习的特点与大学生的生理、心理发展水平紧密相关。大学生的年龄一般在 18 至 25 岁之间，生理功能已基本达到了成熟水平，在此基础上，心理功能迅速发展，特别是思维能力达到了较高程度。他们已经能够接受比较复杂的、庞大的科学文化知识，掌握难度较大的操作技能，具备一定的科学研究能力。与此同时，他们的价值观、世界观、道德观、美感及个性也逐步形成并且日趋稳定。与中小学生相比，大学生的社会角色有着更加丰富的内涵。他们既是学生，属于受保护的群体，同时又即将成为某种社会职业角色。以上种种因素使得大学生的学习具有以下特点。

1. 学习内容的特点

1) 职业方向明确，专业性较强

大学生的学习既区别于中学生的学习，又不同于职业学校学生的学习。大学生的学习实质上是一种掺杂了职业活动的学习活动。它一方面在较高层次上积累专业知识，另一方面又带有较强的职业方向。也就是说，大学生所选择的专业同他毕业后准备从事的职业直接相关。

大学生进入高等院校后，就要分系、分专业，按照国家对各种专业人才的需要，有组织、有计划地在教师的指导下深入地进行学习，为今后从事的工作做准备。

2) 学科内容的高层次性和争议性

高等院校开设的基础课程，包括了本学科的基本理论、基本知识和基本技能，这"三基"是大学生在校学习期间应当牢固掌握的。但是，在科学技术日新月异的今天，仅仅掌握本学科的基本知识还不足以适应社会的发展，因而，许多高等院校十分注重在教学中增添处于本学科前沿的、内容起点较高的、视野较宽的新理论、新知识，但这类知识正因其新，故而也有不成熟的一面。再有，教师自身知识储备和教材内容的更新需要一个过程和一定的时间，因而教师在讲授这部分知识时，有时很难拿出一个被专家公认的观点，只能介绍各家学派的各种观点供学生参考。学生通过查阅资料、独立思考、切磋讨论、论证阐释会大大提高自己分析问题和解决问题的能力。

2. 学习方法的特点

1) 自学能力增强和提高

大学生在学习活动中逐渐感受到自学的重要性。他们认识到如果总是一味地依赖教师的教学，获取知识的途径就会局限于课堂，这样不仅难以顺利完成学习任务，而且对于从事未来的职业以及一生的持续学习都是极为不利的。因而，许多大学生，尤其是高年级学生已经把自学变成学习的重要形式。

从大学生的身心发展、知识积累和思维水平来看，他们已具备了主动学习的强烈动机和独立学习的主观条件。同时，学校也为大学生的自学创造了条件：

(1) 课程安排留有余地，保证学生有自学的时间。

(2) 教师介绍教材之外的参考书和各种学术观点，为学生提供学习方向。

(3) 有些高校实行学分制，设置了较多的选修课、讲座课，学生可以跨系、跨专业听课，涉猎更广博的知识。

（4）经常举办演讲会、学术讨论会、报告会、辩论会，使学生可以相互切磋，博采众长，集思广益。

（5）通过撰写学年论文和毕业论文，参加实习和科研活动，在确立题目、研究分析、实验操作等过程中，大大提高独立研究的能力。

2）校内和校外学习相结合

高等院校是一个宽松、开放的亚社会环境，为学生提供了优越而特殊的学习条件。

许多大学生没有把自己禁锢在校园里死读书，读死书。他们放眼世界，放眼未来，在校学习期间就有意识地把学到的科学文化知识同社会实践紧密结合起来。譬如，社会学系的学生到工厂、农村搞社会调查；播音系的学生到电台、电视台参与播音和主持节目；广告专业的学生研究市场营销情况；理工科的学生进工矿企业参与新产品的研制工作……他们不仅为社会提供了服务，而且还在社会实践中发现了自己知识和能力的不足，进而对校内学习做及时的调整和补充，使自己的知识更加完善。校内外学习相结合的方式大大激发了大学生学习科学文化知识的自觉性、积极性，并进一步增强和提高了他们自学的能力，这为大学生将来顺利地走向社会并获得事业成功打下了坚实的基础。

3. 自我意识的发展

自控性、批判性和自觉性是大学生自我意识的反映，也是大学生比高中生思想更成熟、思维水平更高的表现。

1）自控性的增强和提高

自控性是大学生对自我进行控制、调节的能力，它包含着大学生对自我、自己与他人、自己与周围环境的认识、评价和调节。能不能有效地控制自我，直接关系着大学生能否较快地适应大学生活，能否正确认识自己实际的学习能力并凭借意志力去克服学习障碍并取得好的学习成绩。

在我国，学生从高中毕业到升入大学，这中间相隔的时间很短，但二者之间学习方式的差别却很大：大学教学管理、教学方法、课程设置、教材内容等方面，和高中都有很大差别。学生在以往的学习中已形成了依赖教师的详细讲解和具体指导的心理定势，陡然进入教师"大撒手"、学习安排由自己做主的大学生活，常常有种失控的感觉，甚至惶惶然不知所措。客观现实逼着他们重新审视自我，重新评价自己的学习能力，认真分析学习中新出现的问题，寻找克服学习障碍的办法和提高学习效率的途径。经过一段反省和艰苦的努力，许多大学生的自我控制能力得到了较明显的提高。

2) 批判性的增强和提高

处于青年初期的大学生，他们的抽象逻辑思维已占主导地位，创造性思维得到发展，记忆方式由以机械记忆为主过渡到以意义记忆为主，世界观、价值观正在逐渐形成。对于教师的讲课内容和教材中已有的结论，他们总是投以探询的目光，报以审慎的态度。他们愿意独立思考，通过与他人的辩论，争得别人的认同。当然他们的观点难免偏激，这正需要教师的点拨和指导。

3) 自觉性的增强和提高

多数大学生能清醒地意识到自己将要肩负的重任和学习意义。他们为自己制订出学习计划，利用课余时间钻图书馆、听学术讲座、参与课外活动开拓知识面。还有的学生不满足于本专业的学习，力求多旁听外系课程，还有的人在低年级就为考研究生、出国深造积极做准备，表现出很高的学习热情。

三、大学生的学习与心理健康

1. 学习对心理健康的影响

1) 积极影响

学习能发展大学生的智力、开发大学生的潜能，促使大学生正确认识和评价自己，不断提高自己的综合素质。一个人的智力是在不断地学习中得到有效延续的，如果没有学习，智商再高的人，也无法为社会创造更大的财富。人的身上有许多未知的潜能，这些潜能必须要通过学习才能被开发出来。学习能促进大学生正向情绪的产生，大学生通过努力学习，完成一项学习任务或取得一定的成绩后，能从中发现自我价值，体会到成就感、满足感和幸福感，从而产生正向的情绪体验。对于大学生而言，若能把精力用在学习上，也可以在一定程度上调节自身的情绪反应，使自己的行为朝积极向上的方向发展，维持健康的心理状态。

2) 消极影响

学习是一项艰苦的脑力劳动，需要消耗大量的生理、心理能量，容易给人带来疲劳与紧张感。如果学习内容不健康，会使一些辨别能力差的学生受到伤害；如果学习的难度过大，会使一些学生因压力过大，没有成就体验而逐渐丧失自我效能感，引起消极情绪反应，甚至引发心理问题；如果学习的方式不对，会事倍功半，影响学习的积极性；如果不能劳逸结合，会危害到学生的身体健康。

2. 心理健康状态对学习的影响

对于具备一定智力基础的大学生来说，学习动机、情绪、态度、意志、人格特征等心理因素都对其学习活动具有影响力，这些因素对学习活动起到动力、强化、维持和调节等方面的作用。心理学研究表明，有效的学习和智力发展依赖于正常的心理活动，健康的情绪、坚强的意志、良好的性格特征以及和谐的人际关系等均有助于学习活动的顺利进行。因此，良好的心理健康状态对大学生的学习有很大的促进作用。反之，如果心理健康状态不佳，则会不同程度地影响大学生学习，甚至使大学生无法进行学习活动，如在学校人际交往不顺或者学习动机很低，则会使学生产生厌学情绪，这样的事例在大学校园中屡见不鲜。

第二节　常见的学习心理问题

一、学习动机不当

学习动机是直接推动学生进行学习的一种内部动力，是激励和指引学生进行学习的一种需要。动机过强和动机缺乏都会影响学习效果，并都会给人带来一系列心理问题。心理学家在大量实验的基础上得出结论：学习效率与动机之间，可以描绘成一条倒"U"曲线，即中等强度的动机最有利于学习。不适当的学习动机在大学生群体中普遍存在，主要有学习动机不足与学习动机过强。

1. 学习动机不足

面对新的环境，一些大学生在经历了高中的刻苦学习之后，产生了松劲的念头，加上大学里的学习竞争有着"隐性"的特点，所以在具有强烈学习愿望的同时，推动这一愿望变成行动的动力强度又往往不足，"想法多、行动少"是大学生普遍存在的心态，不少学生热衷于课外兼职或其他社团活动，对待学习消极马虎。

学习动机不足的表现主要有以下几点。

1) 学习存在懒惰行为

懒惰表现为不愿意上课，不愿意动脑筋，不完成作业，学习上拖拉、散漫、怕苦怕累，拖延时间，用其他活动来取代学习活动、占用学习时间。这类人通常会想，等我"有空"再学吧，等我"有时间"再好好看书吧，等我"精神好"的时候再认真思考这个问题吧。于是，日子便在等待中流逝，而他可能永远也不会"有空""有时间""精神好"。人都有惰性，但动机缺乏者的惰性表现得特别明显。

2）容易分心，学习易受干扰

动机不足的学生注意力差，不能专心听课，不能集中思考，学习肤浅，满足于一知半解，学习活动经常因其他活动或想法而中断，兴趣容易转移。

3）厌倦情绪

动机缺乏的学生对学习冷漠、畏缩，常感到厌倦，对学校与班级生活感到无聊，很少享受到学习带来的快乐。对他们来说，确实是"学海无涯苦作舟"，学习成了枯燥乏味的代名词。

4）学习盲从

有些学生的学习缺乏主动性、能动性，在目标选择上，常常追随大家的想法，而自己没有明确的目标，表现出从众性与依附性，极少有独立性和创造性。

造成大学生动机缺乏的原因除了社会环境、学校和家庭教养等因素，还有一个主要的原因就是学习目标不明确。目标所产生的动力作用足以帮助学生应对学习中的困难，例如，高中阶段的学习目标很明确——上大学，因此即使遇到了学习困难，学生们还是能够认真学习，积极应对。但是，很多大学新生入学后失去了高考的指挥棒，没有了前行的方向，势必产生对学习提不起兴趣的现象，出现无动力的消极状态。

对于大学生来说，有学习目标可以为自己人生的发展指明一条方向，真正理解这些学习目标，才会有动力将之付诸行动，在未来的发展中收获成功。

◇ **案例**

小高高中时期喜欢电竞，为电竞花费了大量时间，因此学习成绩不理想，进入了一所不理想的大学。进入大学之后，小高对学习更是提不起兴趣，他觉得自己爱玩的性格与教室、图书馆等地方实在不合拍，于是逃课成了家常便饭，挂科更是司空见惯，对此小高也不为所动，只想浑浑噩噩地混完大学生活。

分析：

(1) 小高在大学期间如此浑浑噩噩的原因是什么？

(2) 如何才能激发小高的学习动机，帮助他提高学习成绩？

2. 学习动机过强

当学习动机过强且遇到一些较为困难的学习任务时，过强的学习动机反而会降低学习效率。学习动机过强具体表现为以下几个方面。

1) 过于勤奋

这类学生往往把全部心思用在学习上，并且坚信只要勤奋就会成功。他们认为学习是至高无上的，如果把时间不花在学习上，就是一种浪费，因而不允许自己有娱乐、休息和运动。

2) 争强好胜

这类学生往往在学习上争强好胜，看重分数，看重名次，看重结果。他们往往想成为班上、学校的尖子生，想得到老师、亲朋好友的肯定和表扬，非常害怕失败，一次小小的失败都会让他们惶恐不安，看到别人超过自己就心慌、嫉妒，把自我价值的体现全归在学习上。

3) 容易自责

动机过强者追求学习上的成功和完美，对自己的要求严格到了苛刻的程度，不允许自己浪费时间，容不下自己的失败和挫折，一旦没有达到自己设置的目标，很容易自责，并给自己施加更大的压力，以求下次获得成功。

4) 情绪紧张

学习动机过强在情绪上的表现为学习焦虑和考试焦虑，常感到紧张不安，学习压力巨大，心理脆弱，情绪难以松弛，有时感到惶惶不可终日，导致学习过程中注意力不能集中，记忆力下降，思维迟钝，学习效率低下。

造成学习动机过强的直接原因主要有以下几点。

(1) 目标设置得过高。

学习动机过强者往往忽略自身条件和现实状况，设置一个可望而不即及的目标，让自己难以达到或根本无法达到，对自己要求过于严格、过于苛刻。

(2) 认知模式不恰当。

如果学生将学习成绩看作是评价自我的唯一标准，就容易动机过强。很多学生进入大学之后仍然按照中学的评价体系要求自己，每天除了学习还是学习，这种认知观念应该及时转变。正确的认知模式应该是：大学的评价体系已由中学时的单一化转变为多元化，学习是众多评价标准中的一个重要标准但不是唯一标准。

(3) 他人不适当的强化。

和动机缺乏者不同，动机过强者往往会受到家庭、学校和社会的肯定和支持。人们会称赞他们学习劲头足、勤奋、有出息，对他们进行了不适当的强化，而当事人往往看不到动机过强的危害，进而愈演愈烈。

◇　**案例**

张文进入大学之后，一心想获得奖学金，他十分看不惯舍友每天颠倒黑白打游戏的生活方式，与舍友关系不和睦。他每天勤学苦读，课上努力做笔记，课下认真复习功课。尤其临近考试时，他每天熬夜复习，晚上只睡三四个小时，但一进考场他就头冒冷汗，双手发抖，生怕自己考不好，拿不到奖学金，无法贴补家用。然而，张文每次的考试成绩都不如人意，于是他对考试愈发敏感，甚至听到老师提起"考试"两个字都十分紧张，考试成绩也一次不如一次。

分析：

(1) 张文的考试成绩下滑的原因是什么？

(2) 怎样才能帮助张文提高学习成绩？

二、学习方法不当

1. 学习方法不够科学，学习效果不够理想

面对大学众多的学习课程，大学生既要应付大量的基础课，又得学好专业课，一部分人的学习方法不能随着内容的变化而有所改进和创新，也不会理论联系实际，还在沿用中学时死记硬背的老办法，这不仅导致其学习效果不够理想，且直接影响到他们学习的收获及就业。

2. 学习内容不够丰富，学习形式不够灵活

大学的学习不再是"教师＋教室"这种学习模式，图书、社团、课件、校园广播、宣传栏、校园海报、学术报告会等都是学习资源；图书馆、自习教室、通宵教室、宿舍、操场等都可以是学习的场所；授课、讲座、同学讨论、社会实践等都是学习的形式。尤其是随着网络的发展和普及，上网成为大学生获取知识的一条非常重要的途径。但少数大学生仍在采取传统的学习形式，只注重课堂知识的学习，知识涉猎面稍窄。

3. 学习压力不能及时缓解

近年来就业难的社会现状也给大学生增加了很大的心理压力，为什么读书？读书了能不能就业？诸如此类的问题都等着大学生来思考和做出行为反馈。这些学习的压力得不到及时缓解，心态不能摆正，往往导致一些抑郁、精神异常的症状出现，导致休学甚至退学等现象发生，耽误大学生的时间和前程。

4. 学习的习得性无助

习得性无助感是指人或动物接连不断地受到挫折后，感到自己对一切都无能为力，丧失信心，陷入无助的心理状态。学习的习得性无助感是一种由于学习不顺而形成的无能为力的心理体验，是在一定的学习情境中诱发的。由于大学生长期没有达到预期的学习目标，屡次遭受挫折，产生消极认知，确信自己对学习缺乏能力，产生无能为力之感，因而在动机、情感、认知和行为上表现出一种消极的心理状态。它往往使大学生降低或丧失学习动机和自信心，怀疑自己的智力水平、学习能力，产生一种焦虑、厌倦、学习信心丧失的消极情绪状态。

有的大学生学习基础薄弱，学习成绩不理想，对知识的感悟力不强。特别是高职高专院校的学生，与本科院校的学生相比，他们在学习过程中会遇到更多的困难，也更容易产生习得性无助感。学习的习得性无助感表现在学习上存在畏难情绪，他们认为自己的学习成绩很差，对自己的学习能力缺乏信心，在情感、认知和行为上表现出消极的状态。大多数在学习上存在习得性无助感的学生都缺乏有效的学习方法，在学习中存在难以克服的困难，长期经历着学业失败的打击，他们往往把失败的原因归结为自己缺乏学习能力。

三、考试不良心理

考试是检验学生学习成果最直接的手段，需要每一位大学生正确对待。大学生的考试心理主要有以下几种。

1. 应试心理

应试心理主要表现为平日不努力，临时抱佛脚，平时上课不听课，考试前把希望寄托在老师划重点上。大学里流行一些说法，"只要考试前一周或两周努力看书背书，同样会考到满意的分数，平时又何必那么辛苦学习呢""考前复印笔记，考试背笔记，考后全忘记"，这类说法在文科类院校尤为突出。因此，每当期末考试前，大学校园里的图书馆、自习室、通宵教室的座位就出现一座难求的现象。

2. 考试焦虑

考试焦虑是指个体因担心考试失败而引发的负性情绪反应，主要表现为认识方面过分重视考试的结果，担心自己能否通过考试，是否会失败，总想到过去的失败经历，容易想到与考试无关的事情；心理上情绪紧张、焦虑，总是担心有不好的事情发生，甚至出现恐惧心理；生理上出现呼吸困难、心跳加快、心慌、胸闷、出汗、手脚发凉、尿频尿急等症状；行为上出现拖延、逃避、坐立不安、手足无措等现象。据调查，有10%～15%的大学生对考试存在着不同程度的焦虑，特别是学习基础比较差、性格比较内向、学习方法不够灵活的大学生更容易出现考试焦虑。

3. 考试作弊

考试作弊作为一种特定和普遍的现象，会影响大学生学业成绩和学习积极性，带来不公平。有的考生作弊成功，不费力气就能通过考试，获得高分数，他们尝到了不劳而获的甜头，就有可能在未来继续保持这样的念头和行为。从表面上看，作弊是考生欺骗老师，但从本质上看，作弊是一种自欺欺人的行为，更重要的是，一次投机成功并不代表每次都能成功，一旦被抓住，受处罚，将后悔莫及。有准备的作弊是在考试之前策划的，在准备作弊方式的过程中，也会时刻担心被老师发现，提心吊胆，惶惶不安。考生在考场上实施作弊时，要躲过监考老师，就必然紧张不安，这使得本来没有考试焦虑的考生可能因为这种特殊的情景与心理状态产生不必要的考试焦虑，影响考试准备和作答。

第三节　学　习　指　导

一、对于学习态度的认识

学习态度是学生对待学习所持有的比较稳定的心理倾向。构成学习态度的因素有认识、情感和意向，认识因素是指学生对学习的目的、意义的看法；情感因素是指学生在学习中的情绪状态和情感体验；意向因素是指学生的学习行为倾向性的心理因素。从认识因素的角度来看，对于自己的学业，大学生普遍存在重视和轻视两种不同的认识。重视自身学业的大学生，一般有远大的理想、抱负，认为升入大学仅仅是自己理想实现过程中的一个里程碑，因而他们能够督促自己认真、刻苦、坚持不懈地努力学习钻研，尽可能地拓宽自己的知识领域、加深自己的专业水平；轻视学业的大学生也为数不少，他们没有明确的人生奋斗目标，进入大学就算是达到了自己努力的终点，因而以消极懈怠的方式对待自己的学业。从情感因素的角度来看，大学生对于自己的学习，尤其是专业学习，有积极型和消极型之分。积极型的大学生对于自己的专业有强烈的兴趣和热情，能够多途径地进行自主学习，在学习活动中往往更多地获得一种肯定的情感体验，努力学习让他们的大学生活更加充实丰富；消极型的大学生则相反，学习活动尤其是对自己的专业的学习不仅不能给他们带来肯定的情感体验，反而让他们心烦意乱，甚至痛苦不堪。从意向因素的角度来看，有的大学生的学习出于主动，有的大学生的学习则纯属被动。主动型的大学生在强烈的学习动机的推动下，能够在学习中积极思考、举一反三，进行探索性的学习研究；被动型的大学生则缺乏强烈的学习动机，满足于教师课堂的知识传授，习惯于机械式地完成学习任务。

学习动机、学习目标与学习态度之间存在紧密联系，学习动机越强，学习态度就越积极和坚定；学习动机越弱，学习态度就越消极和不稳定。大学生如何树立对学习态度的正确认识呢？首先，大学生要重新调整和树立自己的学习目标，激发起强大的学习动力；其次，大学生要自觉进行自我教育，担负起大学生这一角色职责，树立远大的理想和正确的人生观；最后，培养对自己所学专业的兴趣，对学习体现出主动性与自学性。

二、学习方法的指导

学习方法是指在学习过程中，为了达到学习目的、掌握学习内容而采取的手段、方式、途径。它是与学习策略不同的两个概念，一般认为，学习策略与学习方法属于不同层次的范畴。学习方法往往与具体的学习任务相联系，用于解决具体的学习问题，因而，学习方法是较为直接具体的，学习者可通过反复地使用而熟能生巧，在学习情境中达到凭习惯加以运用的程度。学习策略则比学习方法高一个层次，具有一定的概括性，它的功能在于调节与控制整个学习过程以及具体学习方法的选用，对学习方法具有选择、应用上的指导意义。这二者又有着紧密的联系，学习方法是学习策略的知识与技能基础，学习策略最终要落脚在学习方法上，借助学习方法表现出来。

大学阶段的学习不同于中学阶段的学习，在大学里，老师的指导与督促明显少于中学阶段，大学生在许多时间里以自学为主。为了帮助大学生更快、更好地找到合适的学习方法，这里介绍几个根据心理学原理得出并在实践中被证明确实有一定作用的学习方法。

1. 整体与部分学习法

整体学习法是指将学习内容作为一个整体来学习。在学习过程中，将学习内容从头至尾反复学习，以获得对其的总体的印象和了解，然后再进一步了解较为具体的内容。

部分学习法是指将学习内容分成几个部分或几个具体的概念，每次集中学习其中一部分或一个具体概念，对每个具体的部分或概念根据其难易程度的不同，安排学习时间和次数。

2. 集中与分散学习法

集中学习法是指每次较长时间地进行学习活动，学习的次数相对少一些，一次学习时间的长短则取决于所学习的内容的性质及其他因素。一般来讲，比较复杂难懂的知识，用集中法学习较为合适，这样可以保证学习者在一定时间内集中注意力，有利于理解并掌握那些抽象难懂的知识。但集中学习的时间不宜过长，否则容易引起学习者的疲劳，使学习效率下降。至于多长时间为宜，要视个人的体力与脑力情况而定。

分散学习法是指将学习时间分成几个阶段，每学习一段时间就稍作休息。每次分散学习的时间多长为宜，也要视学习内容的性质以及个体情况而定。

3. 过度学习

过度学习是指对知识达到勉强可以回忆的地步后，继续进行学习。也就是在把知识技能全部学会以后再继续学习一段时间，以巩固学习成果。实验研究结果证明，过度学习对知识的保持率起着很重要的作用，但过度学习超过 50%之后，对学习内容的记忆效果有下降的趋势。因此，在一定限度之内，过度学习的学习效果较好。

4. 迁移学习

迁移学习就是指先前的学习或训练的内容对后来接触的类似的学习或训练内容产生影响。迁移学习分为正迁移和负迁移。在应用迁移学习法时，要尽可能地促进正迁移，避免负迁移。研究表明，迁移的条件是：对刺激(信息)的反应如果相同时迁移量就大，反之则小。迁移量取决于刺激和反应的类似程度。另外，学习时间的间隔也会影响迁移的效果。

为了获得迁移学习的成功，在平时的学习中就要注意掌握最基本的知识，这样就可以形成基本知识对一些复杂知识与应用的正迁移。另外，还要注意使新的学习内容与原有知识有由"近"至"远"的安排，即使新的学习内容先尽可能地接近原有知识，然后逐渐扩展到新知识的范围，这样有助于形成正迁移。

三、学习能力的培养

1. 学会读书

读书方法因人而异，但也有一个基本的步骤可供大家参考。

(1) 浏览概貌。拿到一本书，应当先看一下序、后记与目录，对将要阅读的书形成一个总体印象，并从中了解一些与阅读此书有关的基本知识、背景等内容。

(2) 仔细研读。这是读书过程中最重要的一步。在这个过程中要认真阅读书中的每一章，细细地领会其中的内容，必要的时候，还应做读书笔记。

(3) 复习思考。读完一本书，不能一扔了之，还要就书中的内容做一番思考，使这些内容与自己头脑中的知识和思想相互融合。只有这样，读书才是一件真正有意义的事。而对于专业书籍，则更应在读完后再次复习，以加强记忆，达到掌握专业知识的目的。

2. 学会做笔记

笔记包括读书笔记和课堂笔记。做笔记的方法有多种，个人可以根据自己的喜好与习惯选择其中的一种或几种使用。

一般来讲，做读书笔记的方法有做眉批、做摘录、写提要和写心得。做眉批就是将自己的看法写在书的空白处，这种方法只适用于阅读自己的书时使用；做摘录是指摘录书中重要的句子、段落；写提要是指在通读全书之后对书中内容进行一个概要记录，一般是用自己的话总结全书的内容，有时也可以引用书中的段落作为对本书的概括；写心得是指记录对一本书的感受与心得，也可以记下对书中内容的疑问以及自己的不同见解。

3. 培养自学的能力

大学生在校学习的时间很短，在短短的几年时间里掌握本专业的所有知识是不可能的，更何况知识还在不断更新，所以，大学生要真正掌握好专业知识，并跟上本专业的发展，就必须学会自学。

1) 自学的特点

广义上讲，自学是指人的一切自主性学习活动，它既包括学习者的自学活动，也包括在教师指导下的自学。大学生在校期间应注意培养在教师指导下的自学能力，为毕业后完全靠自己学习打下基础。

自学与师授性学习相比，有选择性、灵活性与探索性等特点。但由于大学生的专业方向已基本确定，其自学的特点就与完全以自学获得专业知识的自学者不尽相同。大学生的自学，从选择性上讲，可以根据所学专业的情况乃至将来的工作需要进行有限制的选择。这种学习同样具有灵活性，自学者可以根据自己的实际情况安排学习的内容、时间及地点等。同时这种自学也具有探索性的特点，大学生对本专业已有一个基本的了解，在确定自学的内容时，便会从具有突破性的地方入手，进行更深一层的学习，以获得某些突破性的知识与发现。

2) 自学的方法

大学生在校期间主要以在教师指导下的自学为主，而毕业走上工作岗位后则主要以靠自己探索的自学为主。一个人的工作时间要比在校时间长得多，为了帮助大学生在今后的工作中更顺利地进一步自学本专业的知识，这里介绍一下完全靠自己自学的方法。在校的自学与之并无本质上的区别，所以，尚在学校学习的大学生也可以从下面的介绍中了解自学的基本规律，用以指导自己的学习。

自学的首要任务是确定自学的目标。自学者可以问自己："我为什么要自学？是为了跟上本专业的发展，还是为了进一步拓宽自己的知识面，以适应各种工作需要？抑或是从自己的长远和全面的利益出发进一步学习本专业的知识，以适应社会潮流？"只有明确了自学目标之后，才能根据既定的目标选择自学的内容和具体方法。

在确定了自学目标之后，下一步该做的就是制订较为详细的自学计划，明确自学内容、进程以及具体的学习时间安排等，这对自学者同样是很重要的。

自学过程中，也要注意自学方法的选择，科学的学习方法将使自学达到事半功倍的效果。学习方法在前面已有介绍，大家可以参考选用。

 实践练习

学习动机测试

(1) 我已经不想学习，想去找份工作。

(2) 我把自己的时间平均分配在各科上。

(3) 除了老师指定的作业外，我不想多做。

(4) 如果没有人督促我，我很少主动学习。

(5) 我一读书就觉得疲劳和厌烦，只想睡觉。

(6) 如果有不懂的地方，我根本不想花费经历去弄懂它。

(7) 我几乎毫不费力地就能实现自己的学习目标。

(8) 我希望不用花太多的时间成绩也能超过别人。

(9) 为了应付每天的学习任务，我已经感到力不从心了。

(10) 我总是为了同时实现几个学习目标而忙得焦头烂额。

(11) 我给自己定下的学习目标，多数因做不到而不得不放弃。

(12) 我迫切希望自己在短时间内就能大幅度提高自己的学习成绩。

(13) 为了实现一个大目标，我不再给自己制定循序渐进的小目标。

(14) 我只在喜欢的科目上狠下功夫，而对不喜欢的科目放任自流。

(15) 我认为课本上的基础知识没什么可学的，只有读大部头作品才有意思。

计分方法：

对问题给出"是"或"否"的回答。"是"计 1 分，"否"计 0 分，将得分相加，算出总分。

结果分析：

11～15 分：说明学习动机上有严重问题和困惑，需要调整。

5～10 分：说明学习动机上有一定问题和困惑，可调整。

0～4 分：说明学习动机上有少许问题，必要时可调整。

 思考题

1. 大学学习有哪些特点？

2. 大学生常见的学习心理问题有哪些？

3. 大学生应该培养哪些学习心理品质？

大学生人际交往与心理健康

人是一切社会关系的总和。

——马克思

学习目标

1. 了解人际交往的功能；
2. 掌握大学生人际交往的技巧和方法；
3. 能够应对人际交往中出现的矛盾和问题。

知识要点

1. 人际交往的含义；
2. 人际交往的作用；
3. 大学生人际交往的特点；
4. 人际交往的原则。

第一节　人际交往概述

一、人际交往与人际关系的概念

1. 什么是人际交往

人际交往是指个体通过一定的语言文字或者肢体动作、表情等表达手段将某种信息传递给其他个体的过程。认知、动机、情感、态度等都会影响人际交往。认知包括个体对自己与他人关系的了解与把握，它使个体能够在交往中更好地、有针对性地调节与他人的关系。动机在人际关系中有着引发、指向和强化的功能。人与人的交往总是源于某种需要、愿望与诱因。情感因素是人际关系的重要调节因素，人们在交往过程中，总是伴随着一定的情感体验，如满意与不满意、喜爱与厌恶等，人们正是根据自身的情感体验不断调整人际关系。可以说，情感是人际关系中最重要的部分。态度是人际交往中的重要变量，直接影响着人际关系的建立、形成与发展。

人际交往无论是直接的还是间接的，都是人类必然会出现的一种社会活动。它的必然性来源于由人的需要决定的合群倾向。合群倾向是人际交往的驱动力和心理基础。

2. 什么是人际关系

在交往的基础上形成的相对稳定的情感纽带就是人际关系，是人与人之间心理上的关系。它表现为人与人之间心理上的距离，反映着人们寻求满足需要的心理状态。从广义上看，人际关系是指人与人之间的关系，包括社会中所有的人与人之间的关系，以及人与人之间关系的一切方面；从狭义上看，人际关系是人与人之间通过交往与相互作用形成的直接的心理关系。

人际关系包括认知、情感和行为三种心理成分。认知成分包括对他人的认知和对自我的认知，是人际知觉的结果；情感成分是交往双方在情绪与情感上的积极或消极的状态以及对人际关系的满意程度，包括情绪与情感性、对他人和自我成功感的评价等；行为成分主要包括人际交往过程中双方的行为表现，包括行为举止、语言、表情等。在这三种心理成分中，情感成分占主导作用，制约着人际关系的亲密程度、深入程度和稳定程度，所以情感的相互依存是人际关系的特征。一般来说，在正式的组织关系中，行为是调节人际关系的主导成分，但在非正式的组织关系中，情感是调节人际关系的主导成分。

3. 人际交往与人际关系

一个人想要拥有良好的人际关系，其必要条件就是进行人际交往。人际关系的基础就是人际交往。交往是一个动态过程，人际关系的建立与维持取决于人与人之间内心的情感联系。交往相比人际关系来说不确定性大，而人际关系一旦形成就具有相对的稳定性。

二、人际交往的作用

人际交往对大学生的成长与发展有着极其重要的意义，正常的人际交往是大学生身心健康发展的基本保证。从人生发展的角度和增进健康的角度来看，人际交往主要有以下几个方面的功能：

(1) 人际交往过程促进个体社会化的进程。

人际交往是个人社会化的起点，每个人的社会化进程自出生就开始了。社会化是个体从自然人转变为社会人的过程，是一个人接受文化规范形成独立自我的发展过程。人只有生活在一定的人际关系中，成为社会化的个体，才能具有完整的人格和品行，才能学习社会行为和承担社会角色，才能获得社会公认的身份资格。人际交往可以促进人们的社会化进程，通过交往，吸收交往对象的信息，以人为镜，人们可以更客观地认识自我。随着人际交往面的扩大，生活内容变得充实，这有利于摆脱孤独和烦躁情绪，让人拥有获得支持和印证的满足感。

人际交往是个人社会化的重要手段，对大学生而言，这种手段的作用更加强烈。通过人际交往，可以获得更丰富的信息，与社会保持更紧密的联系，对大学生角色的责任和义务认识得更加深刻。因此，人际交往促进了大学生的社会化进程。

(2) 人际交往促进个体进一步自我认识。

人对自己的认识总是以他人为镜，需要通过与别人的比较，把自己的形象反射出来，明确自己在别人眼中的形象以及自己在社会群体中的位置，从他人对自己的反馈、态度和评价中，发现自己的长处和短处，为自我的设计、发展、完善创造有利条件。离开一定的人际交往，就无法弄清这一点。因此，有必要多方位、多层次地与更多的人交往，与他人有更密切的接触和了解，来吸收更多可靠的信息，正确认识自己和周围的环境，形成良好的个人形象，塑造完整的人格。

通过人际交往，大学生对如何与人交往才能获得更加良好的人际关系有了更深刻的认识，同时也能从自己与他人的交往活动中认识到自己的优势与不足，进而选择更加适合自己的交往行为。

(3) 人际交往促进个体之间信息的交流。

人际交往包括人与人之间发生的一切互动过程，其中主要是信息沟通，即人与人之间诸如情感、意向、思想、价值等方面的理解与沟通。有这样一句千古名言："独学而无友，孤陋而寡闻。"人们在与他人交流的过程中获取了有效信息，弥补了难以靠自己的亲身体验获得的直接信息的不足，纠正了错误认识，满足了学习、生活、个体发展的需要，扩大了知识领域，开阔了精神视野。

在与他人的广泛交往中，随时可吸取对自己的工作、学习和生活有意义、有价值的知识和经验，以别人的长处填补自己的短处；借鉴别人的优势改变自己的劣势；学习他人成功的经验，吸取他人失败的教训，以此扩充自己的知识面，发展已有的知识体系，更新思想观念，追踪新鲜信息。这也是当今社会对大学生的要求。

(4) 人际交往促进个体的心理健康发展。

人在生理需要得到满足之后就会追求更高级的需要，如友情、爱情，需要别人的认可、支持与合作，需要与他人保持人际关系。这些高级需要都是在人际交往中得到满足的。如果拥有良好的人际关系，就会产生心理安全感，对人更加信任、宽容。所以说人际交往对人的心理健康十分重要。

大学生情感丰富，情绪尚不稳定，特别需要他人的关心和理解。通过交往活动，同学之间彼此诉说心中的喜怒哀乐，表达自己的思想感情和生活态度，可以寻求友谊、理解和帮助，还可以激发多种兴趣和爱好，培养自尊心和责任感，从而得到思想的升华和心理上的满足。

(5) 人际交往是社会联系的桥梁。

社会是一个有机整体，其存在与发展，离不开信息的传播与反馈。人际交往能保证管理机构与执行者以及各部门之间的沟通、联络，这一功能除了正式的传播媒介之外，大部分由人际交往来实现。人际交往通过个人间的相互联系、相互影响，把个人联系为集体，以实现社会的系统功能。因此，人际交往不但对交往者个人有着重要作用，对整个社会也有积极意义。

三、影响人际交往的因素

1. 空间因素

一般来说，空间距离越近，越容易形成亲密的关系，也就是平时所说的"近水楼台先得月""远亲不如近邻"。在学生的交往中，同桌之间比同班同学之间更容易形成比较紧密的人际关系。这是因为：第一，空间距离越近，越有接触的机会，熟悉的程度越深，互动的频率越高；第二，空间距离越近，共同关心的事情越多，利害关系越多。

2. 时间因素

时间也是影响人际关系的因素之一。交往的时间越长，接触的机会越多，交往的次数也就越多，个体之间也就越容易形成亲密的关系；反之，即使原来比较亲密的朋友，不见面的时间一长，也可能生疏起来。

3. 个人品质

有了空间和时间上的便利条件，两个人也不一定会形成亲密的关系，个人的品质也是影响亲密关系形成的一个重要因素。在交往的过程中，一个人的人格因素至关重要，并且这种因素的作用会随着交往时间的推移越来越强。一个具有豁达大度、谦虚开朗、正直热情、坚强沉稳、尊重他人等良好品质的人，具有人格魅力，容易与他人建立良好的人际关系，这种魅力不仅可以弥补个体气质中的某些不足之处，促进自己身心的健康发展，而且可以帮助个体在学习和生活中寻找到真正的朋友。相反，人格不健全或心理品质不佳不仅会影响个体和他人的关系，而且会妨碍个体的成长与发展，不利于个体的身心健康，容易使其产生心理问题。因此，大学生应注重塑造健全的人格，不断修正和完善自我。

4. 人际吸引

人际吸引对于良好的人际关系的建立和发展具有重要的作用。社会心理学家对人际吸引现象及其心理机制进行了大量的研究，已经形成了各种理论，如认知平衡理论、强化情感理论、相互作用理论、利益相等理论、得失理论等。一般来说，人际吸引现象中体现了下列规则：

(1) 外表吸引。一个人的体形、外貌、衣着、言谈举止等外表因素影响着这个人的人际吸引力，尤其是对第一印象来说更加重要。个体的形象魅力严重影响别人对他的社会评价。

(2) 相似和互补。人们一般喜欢和自己相似的人，如外貌相似、年龄相似、社会地位相似、态度和价值观相似等。但另一方面，人们还喜欢满足自己需要、与自己的性格特点互补的人，如支配型的人倾向于和服从型的人交往。

(3) 相互作用。一种满意的人际关系应该是双方都常得到支持和赞扬。人们的喜欢一般是相互的，我们一般喜欢那些也喜欢我们的人，不喜欢那些讨厌我们的人。

(4) 互惠公正。根据人际关系的社会理论及其派生的公平理论，人际关系的稳定依赖于双方认为公正的原则。公正原则是指每个人从人际关系中获得与其贡献相对等的收益。公正原则还包括相对需要原则和均等原则。相对需要原则是指每个个体获得与其需要相对应的收益。均等原则是指每个个体从人际关系中获得相等的收益，这在儿童阶段比较常见。

5. 交往规则

在人际交往的过程中，要遵守许多规则，否则容易使人际关系受到破坏或终止。人际交往的规则是某一种文化、某一个团体或同一年龄阶段的大部分人认为或相信的应该表现或不应该表现的行为。这些规则不但可以规范人的行为以减少可能导致人际关系破裂的潜在冲突来源，而且可以通过社会的交换来引导个体保持这种关系。人际规则有的比较明显，有的比较隐晦；有的涉及范围比较大，如法律、道德、民俗、礼节等，有的针对性比较强。一般在人际交往中都要遵循下列规则：

(1) 规范性规则。规范性规则是指用于维护人际关系使之得以持续下去的规则。如在各个地区和文化中一般要遵守的人际规则有尊重对方隐私、不透露别人的秘密、不公开批评对方等。

(2) 酬赏性规则。酬赏性规则是指规范个体在人际关系中获得或提供报酬、回报的种类或质量的规则，如分享成功的消息、回报恩惠和赞美、提供情绪支持等。

(3) 亲密性规则。在不同的人际关系中有不同的亲密性规则。如家庭中的人际关系的亲密程度一般比朋友之间的要高，同事和邻居之间的亲密程度相对比较低。

6. 人际沟通

人际沟通是指个体之间相互交流认识、思想、感情等信息的过程。它对于人际关系的建立和保持具有重要的作用，许多人际关系问题产生的原因就是没有进行及时有效的沟通。人际沟通的方式主要有言语沟通和非言语沟通，后者包括副言语、表情、手势、体态以及社交距离等。言语沟通和非言语沟通往往是相互补充、相互依存和相互促进的，具体情况不同，各自的重要性也不一样。近年来，社会心理学家和身体语言学家越来越强调非言语沟通在人际交往中的重要性。有研究表明，当言语和副言语不一致时，主要依赖副言语判断对方所表达的意思；当副言语和面部表情不一致时，主要依赖面部表情判断对方所表达的意思。

四、大学生人际交往的特点

大学生人际交往具有以下特点。

(1) 大学生人际交往的需要迫切。

大学生思想活跃、精力充沛、兴趣广泛、活泼好动，他们力图通过交往去拓宽视野，获得同伴的认可、接受、尊重、信任，满足自己多方面的需求。因此，大学生对人际交往的需要往往比成人和中小学生都更加迫切。

(2) 大学生交往对象以同龄人为主。

大学生学习、生活的环境决定了他们的交往对象以同龄人为主。众多的交往机会、相似的人生经历、共同的学习任务，使得大学生的交往对象更多地选择同寝室、同班、同乡等有相似背景的同学。交往的内容基本上围绕共同的话题，如学习、考试、娱乐、思想交流、情感沟通等展开。也正因为这个原因，大学生与同寝室同学或同班同学的人际交往在大学生的学习、生活中的作用日渐显现。随着社会对大学生实践能力要求的不断提高，越来越多的大学生积极参加社会实践、体验生活，从而把人际交往范围向社会工作群体扩展。

(3) 大学生交往动机中功利性成分少而情感性成分多。

大学生之间的交往更注重情感的沟通和交流，他们对交往活动中的直接功利性动机一般不会持肯定态度。大学生因为处于求学阶段，经济来源是家庭，因此经济方面的压力相对较小，交往中更注重精神方面的获益，往往带有理想主义的色彩。但这并不表明大学生不注重人际交往中的功利性成分。实际上，大学生人际交往中的功利性成分正呈增多趋势。

(4) 大学生人际交往具有广泛性和时代性。

随着信息社会的来临、计算机网络的飞速发展和现代化通信工具的普遍应用，当代大学生人际交往的广泛性与时代性特点显现无遗。有的学生认为"以寝室为中心"是最有效、最现实的社交方式，而有些学生的新兴网络社交占了主导地位，远远高于"以好朋友为主的小圈子型"传统社交方式。这一现象表明，网络人际交往在大学生的交往活动中所占的比例正在逐渐上升，这是当代大学生人际交往的一个重要特征。

(5) 大学生异性之间的交往愿望强烈。

由于性生理的成熟和性意识的觉醒，大学生对异性产生了兴趣，大学生活又提供了许多与异性同学交往的机会。因此，与异性交往的愿望常常会转变为具体行动。

第二节　大学生人际交往常见问题及调适

一、大学生人际交往常见问题

大学生彼此在生活习惯、性格、过去经验等方面存在很大差异，在校园内，交往的主体同为面临艰巨适应任务而又缺乏经验的个体，双方的人际适应困难较为突出。在与其他社会成员的交往中，由于双方经验不同，对同一事物的看法也不尽相同，因此，人际适应困难问题也更为突出。由此我们可以看到，在进入大学的转折中，个体的人际适应既可能与其自身的人际交往技能、人际交往经验有关，同时又与群体的特点相关联。大学生常见的人际交往问题主要概括为以下几方面。

1. 人际冲突

人际冲突是指大学生的人际关系不符合大学生群体对其人际关系的基本认识，导致在大学生个体之间出现的人际关系不协调、不适应的现象，是比较常见的一种人际适应不良。有的学生以自我为中心，过分地苛求别人，对他人的言行挑剔、猜疑，常因讽刺挖苦他人而伤害到别人。有的学生因互不示弱、互不忍让而发生冲突，甚至采取报复措施，造成严重后果；有的学生由于偏激或喜怒无常等个性而难以为他人接受，造成人际关系障碍。

人际冲突通常与大学生的心理健康素质有着紧密的联系，自我中心、情绪调控力差等都是导致大学生发生人际冲突的原因。

自我中心是一种个性特征。自我中心者为人处世以自己的需要和兴趣为中心，只关心自己的利益得失，不考虑别人的兴趣和利益，完全从自己的角度，以自己的经验去认识和解决问题，似乎自己的认识和态度就是他人的认识和态度，而且他们固执己见，不容易改变自己的态度，盲目地坚持自己的意见。自我中心是自我意识发展到一定阶段的产物，在自我意识发展的某一阶段或某些阶段，自我中心会妨碍自我意识的发展。自我中心者在心中建立起一种虚假的自尊，要求别人必须服从自己，必须满足自己，这种做法明显违背了人际交往的平等互惠原则，任何人都不愿意建立或保持这种不平衡的人际交往。由于这种不平衡的人际交往不能建立，自我中心者虚假的自尊需要也无法得到满足，这必然导致人际关系的冲突，这种状况继续发展下去，自我中心者虚假的自尊继续受到打击，虚假的自尊最终演变为自卑，多次的人际冲突也可能演变为交往恐惧。

情绪调控力是 EQ(情商)的重要组成部分，是建立和维护良好人际关系的重要保证。人际关系不和谐随时随地都可能发生，但这种不和谐是否会演变为人际冲突则往往取决于当事人的情绪调控力。情绪调控力强的大学生，在出现人际关系不和谐时能很好地控制自己的情绪，及时调节和引导人际关系向自己希望的方向发展；情绪调控力弱的大学生则刚好相反，出现人际关系不和谐时往往控制不住自己的情绪，使得人际关系向本不应该发展的方向发展，使人际关系不和谐演变为人际冲突。甚至有的大学生心里有不高兴的事时，好像所有人都欠了他一屁股债似的，说话火药味十足，不能很好地控制自己的情绪，自然难以建立和维护良好的人际关系。

2. 交往恐惧

交往恐惧是另一种比较常见的人际适应不良。在此需要特别说明的是，交往恐惧与社交恐惧症不同，社交恐惧症是恐惧症的一种，属于心理障碍，而交往恐惧则是常见的人际适应不良的一种表现形式，其严重程度并没有达到诊断为社交恐惧症的标准。产生交往恐惧的大学生不敢面对别人，不敢在大庭广众之下说话发言，不敢主动与他人交往，对人际交往充满恐惧。产生交往恐惧的大学生往往具有以下两种心理。

1) 自卑心理

自卑是个体由于某些生理缺陷或心理缺陷及其他原因而产生的轻视自己、认为自己在某些方面不如他人的情绪体验。自卑会对人的行为产生极大的负面影响，表现在交往活动中就是缺乏自信，常常想象失败的体验，不敢主动与他人交往，不敢向他人表达自己对人对事的态度。自卑是导致交往恐惧的重要原因。导致自卑的原因是多方面的，自我认识不足、过低的期望、内向的性格、曾经遭受的挫折、不恰当的归因等都可能导致自卑心理的产生。

大学生从高中升入大学，由各方面都出类拔萃的尖子生一下子变成了集体中非常普通的一员，由过去交往中的主角变成了配角。大学生在人际交往中角色身份发生了变化，这种变化越大，引起的心理冲突就越激烈，对其个人身心健康的影响也就越大，越有可能使其产生自卑心理。再加上有的大学生本身性格就比较内向，只是由于高中紧张的学习生活掩盖了其性格的缺陷，升入大学后环境改变了，原来固有的性格不能很好地适应大学的生活，若在遇到种种挫折时未能正确地归因，把失败的原因归结为"缺乏能力"，就可能使得他从此不再相信自己的能力，并且不再期望以后交往活动的成功。这样，有自卑心理的大学生自然不敢与人交往，不敢再去面对自己"缺乏能力"的交往活动，人际交往便成为他们心中的"噩梦"。

◇ **案例**

　　汪燕性格比较内向，自卑心重，不愿意表现自己，不善于与人交往。她不主动接近同学，对人比较冷漠，唯一与她要好的同伴也是同学当中不受欢迎的人。她在生人面前表现得不知所措，在与老师交往时畏缩迟疑，小心翼翼。正因为这样，当她无论是学习上还是思想上出现问题时，没有同学帮助她，没人愿意接纳她。她总是处于孤独无助的状态。

　　讨论：

　　(1) 你是不是一个内向的人？你在与人交往时会有哪些顾虑？

　　(2) 你交友的原则是什么？

　　2) 戒备心理

　　戒备心理指大学生在人际交往过程中，由于某些消极心理因素的影响而形成的不切实际的、固执的心理偏见，是另一种常见的导致交往恐惧的不良心理状态。对人际交往有强烈的戒备心的人，害怕别人在与自己的交往过程中获得某种利益，或自己损失某些利益，不敢与他人进行交往，对人际交往充满恐惧。俗话说"害人之心不可有，防人之心不可无"，在形形色色的人中，不乏极少数的虚情假意之人，如果我们抛出了一颗真心，却遭到欺骗，遭受精神上的伤害，这自然是得不偿失的。因此，适当的戒备是应该的，具有一定的戒备心理也是个体心理成熟的标志之一。但是戒备心理过重，也会影响正常的人际交往。戒备心理过重，说明对他人的信任度不够，不能充分相信他人，而人际交往，尤其是大学生的人际交往，是建立在平等互信的基础上的，缺少了基本的信任，交往自然无法继续下去。

　　当然，交往恐惧者还有一些其他心理，在此我们主要讨论自卑和戒备这两种。

　　3. 沟通不良

　　沟通不良也是人际适应不良的重要表现形式，严重影响了大学生人际交往的顺利进行。沟通不良与缺乏相关的人际沟通技巧有关，许多大学生不知道在何种情况下应该采取何种沟通方式与他人沟通。据调查，大学生的人际沟通存在三种情况：第一种是我行我素，从不与人沟通；第二种是虽有良好的沟通愿望但却不知道如何与他人沟通，因而不能采取正确的方法与他人进行沟通；第三种是通过自己的主动学习掌握相应的沟通技巧，使自己的人际交往技能不断提高，人际关系不断地向良性方向发展。这三种情况中的前两种都必然会导致大学生的沟通不良。张翔、樊富珉等对清华大学部分学生所做的调查显示："沟通障碍"是大学生最为常见的冲突来源，因此要把提高大学生人际交往能力、增强大学生人际适应、提高大学生沟通能力作为培养和教育的重点。

大学生要改变沟通不良的现状就必须要采取第三种沟通态度，主动学习和掌握相应的沟通技巧，提高自己的人际交往技能，促进人际关系向良性方向发展。

二、大学生人际交往常见问题的调适

1. 人际冲突的调节

人际冲突是大学生中比较常见的一种人际适应不良。在出现冲突时，要想办法缓解；没有出现冲突时，也应该尽量避免冲突产生。下面先谈谈解决人际冲突的一般原则和具体步骤。

1) 解决人际冲突的一般原则

(1) 保持冷静。当冲突可能要发生或已经不可避免地发生了时，保持冷静有助于更好地解决冲突。研究发现多数人在争辩过程中，常常不自觉地犯的一种通病就是对他人进行人身攻击，使对方受到很大的伤害，从而加剧了冲突。

(2) 求同存异。人际冲突并不都是由不公平引起的，有时候，人与人之间的冲突只是由于意见有分歧而已。当冲突是由意见分歧引起的时候，求同存异应该成为解决冲突的首要原则。

(3) 积极沟通。社会心理学家认为，人际交往就是人与人之间相互沟通、相互知觉、相互影响的过程，沟通与相互作用被看成是人际交往的两个基本特征。正因为如此，积极沟通才成为解决人际冲突的一般原则之一。

2) 解决人际冲突的具体步骤

(1) 相信一切冲突都可以理性而建设性地获得解决；

(2) 客观地了解发生冲突的原因；

(3) 具体地描述冲突；

(4) 向别人核对自己有关冲突的观念是否客观；

(5) 提出可能解决冲突的方法；

(6) 对提出的方法逐一进行评价，筛选出最佳的解决方法，且最佳方法必须对双方都有益；

(7) 尝试使用选择出的最佳方法；

(8) 评估实现最佳方法的实际效应，并按照给双方带来最大利益和有利于良好人际关系维持的原则给予修正。

坚持解决冲突的一般原则并按照具体步骤实施，可以较好地解决人际冲突，即使是自我中心者和情绪调控力较差者，遵循上述原则建立相应的人际关系也可以起到较好的效果。当然，上述原则和一般步骤只是帮助大学生更好地适应大学人际关系。更进一步地，自我中心者应该正确认识他人与自己的关系，认识到人际交往的自我价值保护原则；情绪调控力差者则应更多地学习调控情绪的方法，这样才能更好地改善自己的人际沟通与交流，建立良好的人际关系，避免人际适应不良的产生。

总之要避免人际冲突的产生，特别是为了避免某些仅仅是由于观点分歧而造成的冲突，要对他人和冲突有一个正确的认知，这样才能保持平和的心态与人交往，更好地克服人际冲突对自己造成的不利影响。

2. 交往恐惧的调节

如前所述，交往恐惧者往往有自卑和戒备两种心理，因此在对其进行调节时，也主要从这两方面着手考虑。

1) 自卑心理的调节

要对自卑心理进行调节，首先就要对自卑形成正确的认识，对自卑的来龙去脉和自卑的消极影响有一定的了解。自卑是对自我的否定，是理想自我与现实自我差距过大而无法实现理想时产生的负面情绪体验。自卑对个体身心健康的消极影响表现在：自卑可以导致求知欲下降、进取心减弱、自信心丧失、缺乏积极情感等。

要使自己从自卑心理中摆脱出来，可以参考以下几种方法。

(1) 学会积极自我暗示，提高自我期望。可以把一些激励自己积极奋进的话贴在宿舍的墙上，每天看一看，告诉自己："我也可以优秀，我也可以拥有良好的人际关系。"

(2) 修正对自己的认识，逐步形成正确的自我认识。不要总是要求自己"与人交往时只能成功""要成为大家注目的焦点"，当达不到这样的要求时，自然会灰心丧气。因此，要逐步形成正确的自我认识，认识到人际交往中自己不会是永远的中心，也不可能成为永远的中心。在交往中，自己可能犯错误，甚至可能会失去某些人的友谊，这些都是可以理解和接受的。我们要学会"改变自己可以改变的，接受自己不能改变的"。

(3) 积极参加交往活动，增加成功交往的体验。只有在实际的交往中获得成功的体验，自卑者才可能逐渐从自卑中解脱出来。因为，一次成功交往的例子表明自己在人际交往过程中，虽然还会遇到各种各样的问题，但是是能够前进发展的。而如果不参加交往活动，则会永远困在原来的问题上，没有前进和发展。

(4) 当人际交往不利而陷于自卑时，可以通过运动、阅读、听音乐、唱歌、写作等方式来摆脱不良心境。找亲朋好友倾诉的方式尤为值得采纳，因为这种方式一方面宣泄了自己的不良情绪，另一方面也或多或少地增加了自己人际交往的机会，无形中培养了自己的人际交往能力。

(5) 对自己建立信心，相信自己能够克服交往中的自卑心理。只有先建立起信心，克服人际交往中自卑心理的各项措施才能畅通无阻地实施，发挥最大的作用。

2) 戒备心理的调节

适当的戒备是必需的，但过分的戒备心理则会对大学生的人际交往造成不利的影响。因此，必须想办法调节自己，尽力克服戒备心理带来的不利影响。

(1) 克服戒备心理的前提是要对戒备心理有正确的认知，了解戒备和多疑对个体人际关系的负面影响：由于对他人过分怀疑和戒备，不能以真心与他人交往，在碰到需要与他人交往的情境时，往往顾虑重重，产生交往恐惧。有强烈戒备心理的人往往不够自信，害怕别人对自己进行指责，害怕别人在与自己的交往过程中获得某种利益，不能坚持公平互惠原则，不能形成良好的人际关系。

(2) 发现自己出现不适当的戒备心理时，要迅速用理智的力量克制自己，告诉自己，适当的戒备是可以理解的，但无端怀疑别人则是不适宜的，会给自己的人际关系带来不良的影响。

(3) 要培养自信心。戒备是自信心不足的一种表现形式，自信心不足，会不相信自己能够保护自己、能够与人友好相处、能够与别人建立良好的人际关系，那么自然会忧心忡忡，左担心右戒备。只有充满信心地与人进行交往，才不会过分地担心别人对自己别有企图，才不会对交往充满恐惧。

(4) 学会适当地进行自我暴露，消除自我封闭心理。社会心理学的研究表明，交往双方心理的公开区域越多，则交往越深入。因此，适当地进行自我暴露，坦诚地向交往对象透露自己的某些秘密，可以促进良好的人际关系的形成，也可以使自己的戒备心理在一定程度上得到缓解。自我暴露时注意遵循两条原则：第一，与人初交不宜暴露过多、过深；第二，自我暴露的层次应与交往对象自我暴露的层次基本持平，逐步深化双方关系。

3. 沟通不良的调节

要解决沟通不良的问题，首先要对沟通建立正确的认知。从沟通的方式来看，人们可以用语言方式沟通，也可以用非言语方式沟通，而且非言语方式沟通的作用是不可忽视的。

对沟通的研究使心理学家们受到了极大的启示，他们认为为了克服沟通中的障碍，实现成功的沟通，交往者在不同的场合应选择不同的交往方式和技巧。这就要求我们要培养自己丰富的交往方式和技巧，比如称呼得体，说话注意礼貌，学会微笑，注意聆听，学会赞美别人，培养自己的幽默感，注意人际交往中的语言和非语言技巧等。

第三节　人际交往指导

大学生处在特殊的生理、心理发育阶段，有较强的自我意识以及独立性，人际交往对其学习和生活有着重大的影响。但同时由于自身成长过程中的固有特点及涉世不深、缺乏社会生活的经验、自制力不强、对人际交往的认识不够等原因，部分大学生难以适应大学生活环境和复杂的人际关系，进而因为一些客观的因素以及主观认知、情绪、人格等心理因素的偏差而走入心理误区，出现自卑、孤独、嫉妒、报复等交际障碍。解决的办法，一是提高认识，掌握交际的原则和技巧；二是充分实践；三是培养自己的良好素质。

一、人际交往的基本原则

大学生要确立健康的群体意识，不断地完善自己的个性，遵循人际交往的原则，为今后走向社会打下良好的基础。

1. 平等原则

平等是交往的基础，是建立良好人际关系的前提。平等本身的含义是广泛的，包含政治、经济、法律等各个方面。实际交往中，每一个人，无论职务高低、知识多寡、财富多少、身体强弱、年龄长幼，在人格上都是平等的。人格平等意味着独立，双方没有人身依附关系，双方都重视他人的人格和价值，承认他人在人际交往中的平等地位；人格平等意味着尊重，既尊重自己也尊重别人。尊重能带来良性反馈，"投我以木桃，报之以琼瑶"，温暖了别人的同时也温暖了自己。如果在交往中出现以权压人、以势压人、恃强凌弱的情况，把自己看得高人一等，把别人看得一钱不值，那就不可能产生真正持久的人际关系，甚至可能会带来恶性循环的不良后果。

◇ **案例**

某女生小雅，在家是独生女，漂亮聪明，学习优秀，堂、表兄弟姐妹中数她最出色，得到了家中长辈的万千宠爱。因家庭经济条件好，她很早就有自己独立的卧室。到大学后，四人一间宿舍，她感到委屈和不适应，经常抱怨寝室同学，还耍娇小姐脾气，支使别人干这干那，好像是理所当然的。一段时间后，其他三位同学逐渐疏远她，她感到十分孤单，却又不知道别人为什么疏远她。

讨论：
结合案例分析，在与同学的交往中，个人应该在哪些方面注意平等原则？

2. 尊重原则

人与人之间的交往，最基本的前提是相互尊重，只有彼此尊重，才能让感情持续下去，也才有获得更深层次交往的可能。要想得到别人的尊重，首先要学会尊重别人，学会为别人喝彩、鼓掌。尊敬、重视他人，才会被他人重视，才会被他人崇敬、爱戴。把喝彩和掌声送给别人，不是刻意抬高别人、贬低自己，更不是逢迎拍马、阿谀奉承，而是恰到好处地对别人进行肯定和称赞。同时，要尊重别人的爱好、习惯、风俗，以及别人的隐私，尊重彼此存在的外显或内在的心理距离，不要轻易地去突破、破坏，否则就容易造成对方的戒备、反感和疏远。

3. 互利原则

在人际交往中，良好人际关系的建立需要双方相互关心、共同付出。人际关系要达到和谐，必须保持一定的平衡。任何一个好的关系都是双方受益的，这种益处可以是物质的，也可以是精神的，还可以是物质和精神兼而有之的。

如果一方长期受损，这种关系是长久不了的。在交往中肯与对方利益共享、共谋发展，那么就能取得交往的良好效果，也能使人际关系变得更加和谐。现代社会的交往更加广泛，更加追求互利性，互利性越高，交往双方的关系就越稳定、密切；相反，互利性越低，交往的双方关系就越疏远。

4. 诚信原则

诚信原则是指在人际交往中诚实守信、言行一致。诚信是无形的名片，关乎一个人的形象和品质。"一言既出，驷马难追""言必行，行必果"等，都强调了诚信的重要性。待人以诚是人际交往和相处的重要基础，只有言实意真，对方才能相信和接纳你。不讲诚信，就不会有和谐的人际交往，没有诚信，人际交往就无法维持、发展和深入。诚信是做人的基本素养，也是体现社会文明程度的标志之一，人际交往需要诚信，社会发展也需要诚信。没有诚信，理想、友谊、爱情、事业和未来都将成为无源之水和无本之木。诚信二字，是中华儿女的传统美德，是警世之珍宝，是为人处世、安身立命的根本原则。

5. 宽容原则

宽容原则要求我们在交往中要辩证地看待别人，既要看到别人的优点，也能容忍别人的缺点。当双方发生矛盾和冲突时，只要不是原则性的大问题，都应抱着豁达大度的心态去看待，这样才能保证交往的正常进行。"金无足赤，人无完人"，世界上本没有完美的事物，我们不能对人太过于苛求。宽容是一种豁达，一种肚量，是与人交往的必备素质。

二、人际交往的技巧

人际交往是一门艺术，技巧纯熟，则挥洒自如、游刃有余；技巧缺乏，则难免别扭尴尬，关系紧张。经常有大学生称自己不知如何处理人际关系，希望得到指导。

人际交往的技巧很多，下面简要介绍几个。

1. 树立良好形象

个人形象的好坏，直接影响着交往的深度和广度。形象是一个综合的概念，包含外、中、内三个层次。外层次指容貌仪表，中层次指言行举止，内层次指知识、能力、个性等内在因素。在人际交往中，理想的自我形象是：容貌仪表富有魅力，谈吐高雅，语言生动风趣，举止得体，知识丰富，能力突出，个性健全。要交往成功，塑造良好自身形象是非常重要的。在形象塑造中，要特别注意对第一印象的塑造。人际交往总是从第一印象开始的，它影响深远，在以后的交往中起着心理定势的作用。第一印象主要来源于一个人的外部特征，如仪表、言行举止等。因此，初次交往时，对自己的一举一动都应特别留心，不能言语无忌，衣着过于随便。恶劣的第一印象往往带来交往的终止，良好的第一印象则会带来交往的持续和深入。

2. 增强人际吸引力

在人际交往过程中可以运用一些技巧来增强自己的吸引力。例如，创造条件让双方在时空上更为接近，多找机会接触对方；了解对方的兴趣爱好、文化水平、个性特征、社会背景等各方面的信息，寻找彼此相似的因素，多谈论对方感兴趣的事情，对对方的观点、看法给予适当的支持，了解对方的需要和弱点，善于利用自身的优势满足对方的需要，弥补对方的缺陷；在交往中尽可能地展示自己的知识和能力，让对方感到你是一个知识丰富、聪明能干的人；注意仪表，学会微笑，丰富表情，掌握日常交往的礼仪，举止得体；在交往中表现出良好的个性品质，热情待人，真诚关心别人，豁达大度，情绪稳定而愉快，自信开朗等。从以上几方面去努力，你就会成为一个受人欢迎的人，一个有吸引力的人。

3. 讲究谈话艺术

交谈是人际交往中最常用、最基本的沟通方式，也是影响交往的重要因素。我们常常可以看到这样的现象：有人听人说话时，面无表情、毫无反应，或漫不经心、目光游移，或随意打断别人。这些都是不讲究谈话艺术的情形。同样的内容，用不同的表达方式，效果会大相径庭。如批评别人工作没有做好，如果说"你真没用，这点小事都做不好"，只会引起对方的不快和自卑，影响他以后工作的积极性。如果换一种说法，"我想凭你的能力，你可以做得比这好十倍！"既让对方明白了自己的错误，又激发了他的积极性。交谈技巧多种多样，不一而足。

4. 把握对象特点

技巧是灵活的、相对的，面对不同的交往对象，技巧亦有不同。把握交往对象的特点，本身也是人际交往的技巧之一。与一些特殊的人交往，尤其要注意技巧。如与孤僻者交往，要主动热情、耐心细致、多运用暗示法，多启发、多诱导，并善于选择话题，找到他们的兴奋点；与急躁者交往，要冷静、宽容、忍让，很多时候对于对方的言行可以付之一笑；与善于表达者交往，可以采取请教式的技巧，虚心提问，耐心倾听，满足对方的表达欲。另外，要注意言谈的避讳，不要当面提及别人的隐痛或私人问题。总之，交往中把握对象的特殊性，有的放矢，灵活应付，将会给你带来更多的朋友。

 实践练习

我 说 你 画

(1) 第一轮请一名志愿者上台担任"传达者"，其余人员都作为"倾听者"。"传达者"先看图 5-1 两分钟，然后背对全体"倾听者"，下达画图指令。

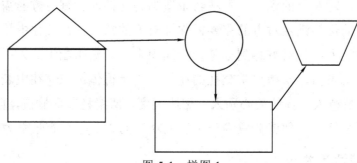

图 5-1　样图 1

(2) "倾听者"们根据"传达者"的指令画出相应的图形，其间"倾听者"不许提问。

(3) 根据"倾听者"画出的图，"传达者"和"倾听者"谈谈自己的感受。

(4) 第二轮再请一名志愿者上台，看着图 5-2，面对"倾听者"们传达画图指令，其间允许"倾听者"不断提问，看看这一轮的结果如何。

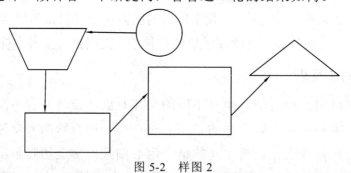

图 5-2　样图 2

提问与讨论：

请"传达者"和"倾听者"谈谈各自的感受，并比较两轮的过程与结果的差异。

注意事项：

(1) 第一轮与第二轮中构成两张样图的基本图形一致，但位置关系有所区别。

(2) 两轮中的"传达者"可以为同一人，也可以为不同的人。

(3) 邀请"倾听者"谈感受时要选择有代表性的，如画得比较准确的和特别离谱的，这样便于分析造成不同结果的多种因素，从而找到改进方法。

 思考题

1. 什么是人际交往？

2. 人际交往有什么作用？

3. 大学生人际交往中常见的问题有哪些？

4. 人际交往的基本原则是什么？

大学生情绪管理

能控制好自己情绪的人，比能拿下一座城池的将军更伟大。

——拿破仑

学习目标

1. 了解情绪的概念及特点；
2. 掌握调节情绪的方法；
3. 能够积极有效地应对自身的不良情绪。

知识要点

1. 情绪的特点；
2. 大学生常见的情绪问题；
3. 大学生情绪健康的标准；
4. 情绪调适的方法。

第一节　情 绪 概 述

一、情绪

情绪是指人对于客观事物是否符合自己的需要而产生的内心体验，是人对客观事物的态度、体验及相应的反应。需要是情绪产生的基础和源泉。通常如果需要得到了满足，人们就会相应地产生愉快、欢乐等积极情绪，进而引起肯定性的情绪体验。相反，当人的需要得不到满足时，就会使人产生烦恼、忧伤等消极情绪。

根据情绪发生的强度、持续时间的长短以及外部表现，可以将人的情绪划分为心境、激情、应激等情绪状态。心境是指一种持久而微弱的情绪状态，具有渲染性和弥散性的特点，如舒畅、忧郁、沉闷、松弛等，心境往往不针对特定的对象，当一个人处于某种心境时，往往以同样的情绪状态看待一切事物；激情是指一种强烈、短暂、爆发式的情绪状态，表现为暴怒、狂喜、绝望等，通常由突然发生的对人具有重要意义的事件引起；应激是由危险的或出乎意料的外界情况的变化引起的情绪状态，在应激状态下，人做出的反应不同，有的积极、思维敏捷清晰，有的则活动受到抑制或完全紊乱，甚至可能发生感知障碍。

积极的心境使人振奋乐观、朝气蓬勃，消极的心境使人颓丧悲观；积极激情能激发人积极向上，消极激情往往会导致认识活动的范畴缩小、理智分析能力受抑制、自我控制能力减弱；处于积极应激状态时头脑清醒、思维敏捷、动作准确，处于消极应激状态时容易目瞪口呆、惊慌失措、语无伦次、出现不必要的动作。

二、大学生情绪的特点

大学生正处于青春期向青年期的过渡时期，在生理发育接近成熟的同时，心理上也发生着急剧的变化，这种变化尤其反映在情绪上。相对于中学生来讲，大学生的情绪内容趋向于深刻和丰富，情绪的表达趋于隐蔽，情绪的变化也逐渐趋向于平稳。

具体而言，大学生情绪特点主要有以下几个。

(1) 外向，活泼，充满激情。大学生就整体水平而言，在情绪特点上，表现为乐观，活泼，开放，热情，精力旺盛，积极向上，充满着朝气和激情。

(2) 情绪具有延迟性及趋向于心境化。情绪心境化，是大学生情绪的重要特点，中学时代的青少年的情绪往往受制于外界情境，随着情境的变化，情绪反应来得快，消失得也快；而大学生的情绪反应的发生，往往不会随着外界的刺激环境的改变而随即消失，而表现出一定的延迟性，趋向于心境化。

(3) 情感体验更加深刻，更加丰富。大学生的情绪体验更加丰富多彩，并随着自我意识的不断发展和各种需要和兴趣的扩展而表现得更加丰富、敏感、细腻和深刻，并带有更多社会内容的情感体验。

(4) 波动性与两极性。大学生的情绪年龄正处于未成年人到成年人的转变阶段，在情绪状态上表现出两种情绪并存的特点。一方面，相对于中学阶段，大学生的情绪趋于稳定和成熟；而另一方面，与成年人相比，大学生的情绪带有明显的起伏波动性，容易从一个极端走向另一个极端，情绪有时会表现出大起大落、大喜大怒的两极性。

(5) 冲动性与爆发性。大学生的情绪特点还表现在情绪体验上特别强烈和富有激情，对任何事都比较敏感，有时一旦情绪爆发，自己则难以控制，甚至表现出一定的盲目狂热和冲动。在处理同学关系、师生关系的矛盾时，在对待学业生活中的挫折时，常常走极端，给自己及他人带来伤害。

(6) 矛盾性与复杂性。大学阶段正是大学生面临着许多重大选择的时期，常常会呈现出一种矛盾和复杂的情绪状态。例如，希望自己具有独立性和希望依赖于他人同时存在；对自己既不满，又不想承担责任；既希望得到他人的理解，又不愿意接受他人的关心等。

(7) 内隐与掩饰性。大学生的情绪表现，虽然有时也会喜形于色，但已经不像青少年时期那样坦率直露，不少大学生会将自己的情绪隐藏和掩饰起来，这使得他们的情绪外在表现与内在体验并不一致，这也无形中给大学生和同学之间的交流带来障碍，使一些大学生出现孤独和苦闷的情感困惑。

(8) 想象性。有时大学生的情绪体验，还会出现陶醉于以前的某一特定的愉快情绪状态，或是沉湎于某种负性的情绪状态之中，甚至陷入某种想象出来的欢乐或是忧虑之中不能自拔的情况。例如，某大学生因为在一次运动会比赛中失利，而感到无地自容，后来竟然泛化想象为周围人都在轻视自己，产生了从此处处都不如人的不良心态。

三、情绪对大学生的影响

1. 情绪对身心健康的影响

愉快而平稳的情绪，能使人的大脑处于最佳活动状态，保证身体各器官系统的活动协调一致，使人食欲旺盛、睡眠安稳、精力充沛，从而提高脑力和体力劳动的效率。积极乐观的情绪还能使别人更喜欢接近自己，有助于建立良好的人际关系。愉快的情绪还可以提高机体的免疫系统的功能，从而增强对疾病的抵抗力。不良情绪会对身心产生损害，过度的情绪反应对健康有害。不良情绪还会影响记忆、思维等心智活动，使学习和工作的效率降低。

2. 情绪对学习的影响

情绪获得健康发展的大学生，总是乐于从事学习、工作和其他实践活动，能够胜任一定的角色，完成一定的任务，并逐步提高效率。他们能够从实际条件出发，确定切实可行的活动目的，选择相应的活动方式，达到活动目标；他们能够在活动中充分发挥出自己的身心潜能，表现出不可压抑的主动性和积极性，并以此自我满足。

3. 情绪对人际关系的影响

在社会生活中，人际关系的亲疏，即心理距离的远近，受诸多因素的影响。其中，情绪是重要因素之一。情绪获得健康发展的大学生，容易与父母、教师、同学、朋友建立并发展出亲密融洽的关系。他们喜欢与别人交往，能够正确地理解别人的思想感情，容易接受别人，学习别人的优点和长处；他们能同情、关心、帮助别人，与朋友同甘共苦，因而能够被别人所喜欢和接受，对别人具有较强的吸引力。反之，情绪压抑、自卑、爱发怒的人，往往不能与他人和谐相处，显得难以沟通，从而使其与他人的关系疏离。因此，大学生在人际交往中，应注重提高自身修养，学会适度控制与调试自己的情绪，做情绪的主人，这样才能拥有良好的人际关系。

四、大学生常见的情绪问题

适度的、情境性的负性情绪反应是正常的。但是，如果大学生经常遭遇同一类烦恼或在某一情绪中不能自拔从而影响身心的健康和学习，且大学生主观上为自己不能摆脱这样的情绪困扰而苦恼，我们就称之为情绪问题。对大学生的情绪问题不能小觑，一定要加以重视和积极调适，必要时应要求他们去心理咨询中心进行咨询。大学生主要存在以下几个方面的情绪问题。

1. 焦虑

焦虑是指个体主观上预料到将会有某种不良后果产生或有模糊的威胁出现时产生的一种不安情绪，并伴有忧虑、烦恼、害怕、紧张等情绪体验。当人们预感到一些恐惧的、可能会造成危险或令自己束手无策的事件或情境即将出现时，心理上就会产生紧张的期待情绪，表现出忧虑和不安。焦虑在大学生当中最为常见。高焦虑的人需要掌控感，需要精确地控制自己的生活，容不得意外的发生。适度的焦虑是必要的。假如我们失去了对未来的担心，也就失去了前进的动力。但是，如果我们把时间和精力都投注给了对未来的担心，焦虑就是一种危害严重的情绪了，这时的焦虑就完全是一种有害的情绪了，它不再能起到促使人积极采取行动的作用。

2. 抑郁

抑郁是大学生常见的情绪问题，是一种感到无力应付外界压力而产生的消极情绪。情绪抑郁主要表现为：情绪低落，思维迟缓，郁郁寡欢，闷闷不乐，兴趣丧失，缺乏活力，干什么都打不起精神；不愿参加社交，故意回避熟人，对生活缺乏信心，体验不到生活的快乐；伴有食欲减退、失眠等。长期的抑郁会使人的身心受到严重损害，使大学生无法有效地学习和生活。性格内向孤僻、多疑多虑、不爱交际、生活中遭遇意外的挫折、长期努力得不到报偿的人更容易陷入抑郁状态。从认知上讲，抑郁的人对自己，对世界，对未来，持有一种远比现实状况更糟糕的评价。身陷抑郁情绪中的人，往往无精打采，认为生活中没有什么值得高兴的事情，对各种活动失去兴趣，生活没有动力，学习和工作效率可能严重降低，感觉未来没有希望。他们的言谈中流露出一种深深的无助和无望感，严重抑郁时可能有自杀的念头和举动。

大学生抑郁情绪比较常见，并且具有多种形式，大多数属于一般的情绪反应，有一些属于心理障碍的范畴，极少数属于严重精神疾病的范畴。当我们感觉心情低落时，要注意及时调整自己，可以通过与亲朋好友交流或记日记等方式主动宣泄不良的情绪，积极参加活动，寻找令自己感到开心的事。

3. 愤怒

愤怒是人的基本情绪。愤怒是由于客观事物与人的主观愿望相违背，或因愿望无法实现，人的内心产生的一种激烈的情绪反应。大学生正处于情绪波动大、易冲动的时期，容易发怒是大学生常见的一种不良情绪的体现。心理研究指出，人的愤怒按其程度可以分为不满、气愤、愠、怒、愤怒、激愤、大怒、暴怒、狂怒 9 个梯级。随着梯级的不断升高，愤怒的情绪会越来越强烈，而自制力则会越来越差。发怒会使人丧失理智、思维阻塞，导致损物、伤人，甚至做出犯罪等许多失去理智的行为。大学生的违纪事件，大多是在发怒的情绪下发生的。愤怒情绪本身不是问题，只要学会合理表达愤怒、消除愤怒就好，过分压抑愤怒和被愤怒支配都是对自身有害的。

4. 羞耻

羞耻是一种指向自我的痛苦、难堪、耻辱的体验。这种情绪不同于害羞、腼腆等自然性的反应，而是一种与文化关系密切的情绪。我们对羞耻最直观的印象就是：自己的缺陷正暴露于别人的目光之下，从而脸红耳热，羞愧难当，既对自己憎恨，又对环境无奈，更对别人的看法不敢揣测。羞耻情绪是跟场景高度相关的。通常这种情绪产生时有外人在场，并且自己正被外人关注。羞耻会引发对自己的负性评价，认为自己在别人面前丢了脸，从而感到自己无能、无力、无价值。

羞耻并不是一种完全的负性情绪，正常人都应该有适度的羞耻。适度地体验到羞耻可以有效地规范我们的行为，让我们按照社会规范生活，适应社会。然而，和其他的负性情绪一样，过度的羞耻就是一种有害的体验。尤其是一些"羞耻易感性"很高或"易羞耻"的人，可能会在一些实际不用感到羞耻的场景中感到羞耻，并转化为对自身的伤害。

5. 空虚

空虚是指百无聊赖、闲散寂寞的消极心态，是不思追求、无所事事或不愿事事造成的。空虚通常发生在这样两种情景之中：一种是物质条件优越，无需为生活烦恼和忙碌，习惯并满足于享受，看不到也不愿看到人生的真实意义，没有也不想有积极的生活目的；另一种是心比天高，对人们通常向往的目标不屑去追求，而自己向往的目标又太高，难以追求到，结果就是无所追求，心灵虚无空荡，精神无从着落。

6. 孤独

孤独产生的原因多而复杂，学业上的挫折、缺乏人际交往、周围没有朋友、缺少父母的关心等，都是导致孤独产生的原因。孤独的产生，也与人的性格有关。社会文明程度增加了人与人之间的心理距离。初到一个全新的、陌生的环境，过低或过高的自我评价均会引起孤独的感觉。其实，很多情况下，感到孤独说明你希望和人交往、沟通。

7. 失望

失望常常源自对人和事的期望的落空，还可能是源于不接受自己。生活中每个时期都有特定的期望，也会有不同程度的失望。随着年岁的增长，由于我们对现实认识的丰富，以及时间和机遇等因素的限制，失望情绪就像普通的感冒一样，是不可避免的。

8．悲伤

悲伤是个体最早出现的情绪之一，也是人类很早就开始认识的一种情绪。一般认为，悲伤是由于遭受到不如意、不幸的事或由分离、丧失和失败引起的内心痛苦、消沉的消极情绪反应，如与亲友离别，自己生活中遭遇挫折和变故等，均可导致这一情绪的发生。然而由于不同个体的评价标准、人格特质等因素的影响，同样的事件或情境能否引发悲伤或所引发的悲伤强度和持续时间会因个体差异而有所不同。

9．懊悔和自责

懊悔、自责是指事情过后遗憾自己做错了事或说错了话，心里自恨不该这样的一种消极情绪。经常自责懊悔的人是相当痛苦的，它意味着时常要和自己做斗争，不断地自我批驳。当处于这种内心冲突中时，除了要耗费很多精力去回想，更会因为害怕再犯错而缩手缩脚不敢去行动，严重的还会引起自卑、自贬的情绪。

10．委屈和冤枉

委屈、冤枉是指因受到不应该有的或者不公正的指责和待遇，感到自尊心受到了伤害，不被人理解，并为此心里难过、不舒畅。当有不喜欢的事情，但是必须要去做时，我们会感到委屈；自己被人欺负，却无力反抗时，我们也会感到委屈。

11．自卑

自卑是指个体对自我评价偏低，自愧无能而丧失自信，并伴有自怨自艾、悲观失望等情绪体验。自卑来源于心理上的一种消极的自我暗示，即"我不行"。长期被自卑情绪笼罩的人，一方面感到自己处处不如人，一方面又害怕别人瞧不起自己，逐渐形成了敏感多疑、多愁善感、胆小孤僻等不良的个性特征。

第二节　情绪的管理与调适

一、情绪管理的意义

俗话说，"情绪既可致病，亦可治病"。良好的情绪不仅是生理健康的保证，也是促进心理健康的有效途径。良好的情绪可以取代引起神经和精神紧张的坏情绪，减少和消除对机体的不良刺激；良好的情绪可以直接作用于脑垂体，保持内分泌功能的适度平衡，从而使全身各系统、器官的功能更加协调、健全。

情绪不仅与大学生的身心健康有关，而且与大学生的心理发展、潜能开发、工作效率、生活质量等有关。良好的情绪往往使大学生乐于行动，有兴趣学习、工作和活动，有积极与人交往的愿望；良好的情绪有助于开阔思路，集中注意力，提高创造性。

培养大学生良好的情绪，有利于大学生的身心健康。相反，不良情绪对身心都会产生危害。不良情绪主要是指过度的情绪反应和持久性的消极情绪。过度的情绪反应包括因为一些重大的生活事件使情绪反应过于强烈，如狂喜、暴怒、悲痛欲绝等；也包括因一点小事而产生的过分情绪反应，如怒不可遏或激动不已；还包括情绪反应过于迟钝，无动于衷，冷漠无情。持久性的消极情绪是指引起忧、悲、惧、怒等消极情绪的因素消失后，仍在很长时间里沉溺在消极状态中不能自拔。

二、大学生情绪健康的标准和表现

1. 情绪健康的标准

健康的情绪是健全人格的必要条件之一。一般而言，一个人的情绪反应适度，对情绪有良好的自我控制能力，符合社会要求，就具备了健康情绪。一个情绪健康的人应该具有以下几种能力。

1) 自我觉察能力

自我觉察是情绪智商的核心，没有能力认识自身真实情绪的人就只能任凭情绪摆布。对自我情绪有更大的把握才能更好地掌握自己的人生，准确地决策。能够觉察、认识并承认自己出现了某种情绪，即使有情绪上的麻烦，也不会轻易被情绪打倒。

2) 情绪控制能力

情绪控制必须建立在自我觉察的基础上，当意识到自己感觉到不安、恐惧、焦虑时，要能控制这些情绪，通过自我安慰和运动放松等途径，使情绪适时、适地、适度地表达。情绪控制能力强的人可以从人生的挫折和失败中迅速跳出，重整旗鼓，迎头赶上。

3) 自我激励能力

自我激励是个体不需要外界激励手段，能自主为设定的目标努力工作的一种心理特征。强力的自我激励是成功的先决条件，人的一切行为都是受激励产生的，通过不断地自我激励，能够促使自己形成内在动力，朝着所选定的目标前进。

4) 认知他人的能力

认知他人的能力即同理心，是在情感的自我知觉的基础上发展起来的又一种能力。拥有这种能力的人可以通过细微的信息敏锐地感受到他人的需要与欲望，能想他人之想，既能设身处地去理解他人，又能客观地理解分析他人的情感。

5) 管理人际关系的能力

领导和影响他人的能力，是管理他人情绪的艺术。个体的受欢迎程度、领导权威、人际互动效能都与这项能力有关，掌握这项能力的人通常是社会上的佼佼者。

2. 大学生情绪健康的表现

(1) 能够积极适应环境。

情绪获得健康发展的大学生，不仅能够积极适应熟悉的环境，而且勇于开辟新环境，乐于接受新环境。相反，情绪得不到健康发展的大学生，虽然能适应熟悉的环境，但往往依赖环境，是环境被动的承受者，而不是能动的参与者、改造者。

(2) 能够有效地进行学习和工作。

情绪获得健康发展的大学生，总是乐于从事学习、工作和其他实践活动，能够胜任一定的角色，完成一定的任务，并逐步提高效率。他们能够从实际条件出发，确定切实可行的活动目标，选择相应的活动方式，达到活动目标；他们能够在活动中充分发挥出自己的身心潜能，表现出不可压抑的主动性和积极性，并以此自我满足。

(3) 能够正确评价自我。

情绪获得健康发展的大学生，自我意识也会得到较好的发展。他们不仅形成和确立了自我形象，而且对自我的评价已经具有了一定的客观性和稳定性；他们对自己的认识比较符合现实，同时，他们的自我形象又是可塑的，会随着别人的评价、自我认识的深化而调整和改变，从而更适应环境的要求。

(4) 能够保持良好、稳定的情绪状态。

情绪获得健康发展的大学生，有良好的心境和积极的情绪状态，总以积极、欢愉、乐观向上的情绪为基调，而少有消极、苦恼、忧郁、暴怒的情绪表现。

他们能战胜恶劣的心境，摆脱过度紧张的情绪和消极情绪的困扰，能控制情绪性质、情绪强度和表情方式，能适应客观情绪的要求，因而他们不是自己情绪的奴仆，而是自己情绪的主人。

(5) 能够建立良好的人际关系。

情绪获得健康发展的大学生，与父母、教师、同学、朋友容易建立并发展出亲密融洽的关系。他们喜欢与他人交往，能够正确地理解别人的思想感情，容易接受他人、学习他人的优点和长处；他们能同情、关心、帮助他人，与朋友同甘共苦，因而能够被他人所喜欢和接受，对他人具有较强的吸引力。

三、情绪管理与调适的方法

情绪容易波动是大学生的共性特点，这主要是由大学生的生理和心理发展水平决定的，也是生理、心理、社会诸因素矛盾冲突的结果。从生理角度看，由于性成熟、性激素分泌旺盛会通过反馈增强下丘脑(此为情绪的定位部分)的兴奋度，使下丘脑神经兴奋亢进，而大脑皮层原有的调节功能一时还不能适应这种情况，因而在皮层和皮层下之间出现了不平衡的状态。从心理学的角度来看，主要表现在三个方面：一是大学生对事物的认知还不稳定，对事物还缺乏完整的把握，因而在思维方式上往往轻易地加以绝对肯定或绝对否定，易走极端；二是此时大学生的自我意识在觉醒发展，他们把探索的目光指向自我内部时，理想我与现实我的差距常常会引起情绪的波动、不稳定；三是由于大学生的内在需要日益增长且不断变化，与现实满足需要的可能性之间是非线性关系，这也使他们易处于矛盾状态，表现出情绪忽高忽低，变化多端的情况。但是情绪是可调节、可控制的，情商也可以通过有意识地培养来提高。

1. 体察自己真正的情绪

要想管理自己的情绪，首先要了解自己的情绪状态。我们往往会随着外在事件的变化而产生各种情绪，但这时不管处于何种情绪中，我们都应该先停一下，摆脱出来，冷静地去体会、感觉自己的情绪，将它理清楚。

2. 适当表达自己的情绪

有的人不肯承认自己有负面的情绪，并长期压抑这些情绪，这样会带来不好的结果。我们应该学会适当地表达自己的内心反应，使不良情绪得到正确疏导。大学生由于情绪表达不当而造成的问题比比皆是，最常见的是宿舍中因情绪表达不当，造成人际关系紧张；因学习或某方面能力不如别人而自卑，长期压抑造成抑郁。因此，大学生需要提高自身情绪管理的能力以维护心理平衡。

3. 以适宜的方式调控情绪

调控情绪的方式有以下几种。

1) 情绪宣泄法

情绪不好时，大多数人会将其宣泄出来，但情绪宣泄方法也有"度"的问题，应强调其合理性，不能把合理的情绪宣泄理解为疯狂的情绪发泄。如以暴力或其他不恰当的方式发泄情绪，其后果往往很严重，不仅不利于问题的解决，反而会引发新的问题。情绪宣泄既不能损害其他人的利益，也要避免对自己造成更大的伤害，如把怒气憋在心里，借助药物、酗酒、抽烟、疯狂购物、暴饮暴食、自残甚至自杀等方式发泄。一旦产生不良情绪体验，就要勇敢地正视它，并为自己找到一个合适的宣泄方法。适当的情绪宣泄方法是指当处于较激烈的情绪状态时，应以社会允许的方式直接或者间接地表达情绪体验。简而言之，就是高兴就笑，伤心就哭。实践表明，坦率地表达内心的愤怒、苦闷和抑郁情绪，心情会变得舒畅，压力会减少，与情绪体验同步产生的生理改变也将较快地恢复正常。合理的情绪宣泄方法有以下几种方式。

(1) 倾诉。倾诉即向师友亲人诉说心中的烦恼和忧虑，倾诉对象一定要找一个能理解我们的人，因为听别人发牢骚毕竟不是一件愉快的事。一个情绪放松的朋友将使你感到放松，一个情绪紧张的朋友将使你感到紧张，一个状态自然的朋友将使你变得自然，一个好的朋友会接纳和包容我们的负面情绪，帮助我们用一种建设性的态度去看待我们所遭遇的一切。也可以用写日记的方式倾诉不快。

(2) 哭泣。研究发现，人在情绪压抑时，身体会产生某些对人体有害的生物活性成分。哭泣后，情绪强度一般可降低 40%，而那些不爱哭泣、没有利用眼泪消除情绪压力的人，其结果是影响了身体健康，并促使某些疾病恶化。比如结肠炎、胃溃疡等疾病就与情绪压抑有关。人们遇到悲伤的事情时，如果能放声痛哭一场，心情往往会好受许多，这是由于悲伤引起的毒素，通过眼泪已得到排泄之故。

(3) 寻找替代。可以把不良情绪发泄到没有生命的物体上，如击打沙袋，捏皮球，到发泄吧摔、砸东西等。枕头大战是一种流行于全球的缓解工作和生活压力的减压聚会方式，因为其具有良好的减压效果，越来越多的人已经参与并喜欢上该项活动。

2) 注意转移法

注意转移法是指当处于情绪困境时，暂时将问题放下，从事所喜爱的活动以转变情绪体验，达到调控情绪的目的。按照巴甫洛夫的条件反射学来说，人在发愁、发怒时，会在大脑皮层上出现一个强烈的兴奋中心，这时，如果另找一些新颖的刺激，引起新的兴奋中心，便可以抵消或冲淡原来的兴奋中心。事实证明，音乐、美术、书法、阅读都是调控情绪的很好的方式。欢快有力的节奏能使情绪消沉者振奋，轻松优美的旋律能让紧张不安者松弛。挥毫舞墨的书画也可陶冶人的情操，化解各种不良的情绪。体育和旅游活动也是转移调控情绪的好方法。当情绪状态不佳时，游山玩水、打球下棋都是极好的情绪调控手段，体育活动既可以松弛紧张情绪，又可以消耗体力，使消沉者活跃，使激愤者平静，达到平衡情绪的目的。这些都属于积极的转移，大学生也应注意避免消极的转移，即情绪不佳时，转而去吸烟、酗酒，自暴自弃。

3) 认知调节法

情绪反应产生于主体认识到刺激的意义和价值之后，对于相同的刺激，不同的评价将会引起不同的情绪反应，所以可以用调整、改变认知的方法调控情绪反应和行为。认知过程是情绪情感的前提，对刺激情境的认知决定着情绪情感的性质，也影响情绪情感的强弱。情绪与情感水平反过来又影响认知过程。积极良好的情绪情感，能激励感知的主动性，改善记忆活动的各项品质，增进思维和想象的灵活性和创造性，提高认知的效率；消极的不良情绪情感会干扰认知活动的顺利进行，影响认知活动的深度和广度，对认知过程产生消极影响。

4) 建立社会支持系统法

日常生活中我们无时无刻不在与他人进行着社会交往，同时也从他人那里获得不同程度的社会支持。这些支持既包括有形的经济上、物质上的援助，也包括无形的心理上、情感上的关心。良好和谐的社会联系和支持能满足我们爱与归属的需要，使内心不再感到孤独和无助，能减轻各种应激事件对身心健康所造成的消极影响。一个人所获得的社会支持来自四面八方，因此社会支持是多方面、多层次的。一般来说，社会支持包括三类：一是来自亲人的支持，父母、兄弟、姐妹、亲属等的支持，是个体最基本也是最重要的社会支持源泉；二是来自朋友的支持。尤其是大学生，离家在外，远离亲人，当遇到困难时，周围的朋友会提供最及时的帮助；三是来自社会的支持，包括社会团体、社区等。随着社会的发展，心理咨询已逐步走进人们的生活，许多医院、学校开设了心理咨询室，不少电台、杂志也开设了心理咨询栏目，专为有心理困惑或危机的人提供心理援助。通过社会支持系统可以获得倾诉的对象，情绪低落的人向他人倾诉苦恼之后，会有轻松解脱的感觉，大学生应该主动自觉地利用好这种情绪调控手段。别人的视角和思路有助于帮助当事人走出个人习惯的思维模式，重新评价困境，寻找新的出路。更重要的是，社会工作者和心理医生可以提供专业的意见和建议，运用心理学手段和方法帮助大学生更有效地解除情绪障碍。

此外，还有一些简单易行的小办法，如利用色彩、气味、改变着装甚至大笑等进行情绪调节。情绪调节的办法有很多，重要的是寻找到适合自己的，适合自己的才是最好的。

第三节　良好情绪的培养

一、理性情绪治疗理论

美国心理学家埃利斯的理性情绪理论认为，情绪是人的思维的产物，人的情绪并非来自事件本身，而是源自对事情的认知与加工。埃利斯的这一理论恰好揭示了情绪的加工机制，同时也开启了情绪的有效管理之门。

理性情绪治疗理论有以下几个要点。

1) 理性情绪疗法的基本假设

人天生同时具有理性的、正确的思考和非理性的、扭曲的思考的潜能。我们的情绪主要根源于我们的信念、评价、解释，以及对生活情境的反应。非理性想法是后天(儿童时期)从他人处学来的，此外，我们也自创非理性教条和迷信。所以我们也有能力控制自己的情绪。

2) 人的不合理信念的主要特征

(1) "绝对化要求"，即对人或事物都有绝对化的期望与要求。

(2) "过分概括"，即对一件小事作出夸张、以点概面、以偏概全的反应。

(3) "糟糕透顶"，即对一些挫折与困难作出强烈的反应，并产生严重的不良情绪体验。

埃利斯提出了10种不合理的信念，认为这些不合理的信念常存在于有情绪困扰或适应不良者身上，具体如下：

① 人应该得到生活中所有对自己而言重要的人的喜爱和赞许。

② 有价值的人应该在各方面都比别人强。

③ 任何事物都应按自己的意愿发展，否则会很糟糕。

④ 一个人应该担心随时可能发生的灾祸。

⑤ 情绪由外界控制，自己无能为力。

⑥ 过去的历史是现在的主宰，过去的影响是无法消除的。

⑦ 任何问题都应该有一个正确、完满的答案，无法找到正确答案是不能容忍的事。

⑧ 对有错误的人应该给予严厉的责备和惩罚。

⑨ 逃避困难、挑战与责任要比正视它们容易得多。

⑩ 要有一个比自己强的人做后盾才行。

3) ABC 理论

ABC 理论是合理情绪治疗(Rational-Emotive Therapy，RET)的核心，RET 是一种心理治疗的理论和方法。ABC 理论是指情绪不是由一个诱发性事件本身所引起的，而是由经历了这一事件的个体对这一事件的解释和评价引起的。

在 ABC 理论中，A 指诱发性事件(Activating events)；B 指个体在遇到诱发事件之后相应而生的信念(Beliefs)，即他对这一事件的看法、解释和评价；C 指在特定情景下，个体的情绪及行为的结果(Consequences)。ABC 理论指出，诱发性事件 A 只是引起情绪及行为反应的间接原因；而 B——人们对诱发性事件所持的信念、看法、解释，才是引起情绪及行为反应的直接原因。假如诱发性事件发生之后相应而生的信念是非理性信念或者是错误的、不合理的信念，就会导致情绪抑郁、行为异常。人们的抑郁、痛苦等消极情绪以及与之相适应的行为，就是非理性信念支配下的不合理思考产生的。埃利斯的 ABC 理论的三个要件——A、B、C 构成了一个简单顺畅的逻辑链条。传统分析直接在 A 与 C 之间建立关联，而忽略了 B 的作用。而 B 的作用恰是人与一般动物的区别所在，即人具有主观能动性。

有时我们认为自己心情不好是环境造成的，所以自己是无能为力的。其实有时我们心情不好，恰恰是因为我们自己看问题的方式和角度有问题，所以凡事不能仅仅看到事情不利的一面，也要看到有利的一面。

二、放松情绪 50 法

这里为大学生放松情绪推荐 50 种方法，帮助大学生放松情绪，改善心理状态。

(1) 如果你觉得力不从心，那么应坚决地拒绝任何额外的加班加点。

(2) 拥有一两个知心朋友。

(3) 犯错误后不要过度内疚。

(4) 正视现实，因为回避问题只会加重心理负担，最后使得情绪更为紧张。

(5) 不必时时事事自我责备。

(6) 有委屈不妨向知心人诉说一番。

(7) 常对自己提醒：该放松放松了。

(8) 少说"必须""一定"等"硬性词"。

(9) 对一些琐细小事不妨任其自然发展。

(10) 不要怠慢至爱亲朋。

(11) 学会理智地待人接物。

(12) 把挫折和失败当做人生经历中不可避免的有机组成部分。

(13) 实施某一计划之前，最好事先预想到可能出现的坏的结果。

(14) 在已经十分忙碌的情况下，不要再为那些分外的事情操心。

(15) 常常看相册。

(16) 常常欣赏喜剧，学会说笑话。

(17) 每晚洗个温水澡。

(18) 卧室里常常摆放鲜花。

(19) 欣赏爱听的音乐。

(20) 去公园或者花园走走。

(21) 回忆一下一生中最感幸福的经历。

(22) 结伴郊游。

(23) 力戒烟酒。

(24) 邀请性格开朗、幽默的伙伴一聚。

(25) 做 5 分钟遐想。

(26) 培养一两种新的爱好。

(27) 学会自我按摩。

(28) 交一两个异性朋友。

(29) 有苦闷时可向日记本倾诉。

(30) 理一次发。

(31) 穿上喜欢的新衣。

(32) 必须吃早餐，而且要吃好、吃饱。

(33) 参加一项感兴趣的体育运动。

(34) 少去噪音过大的场所。

(35) 养一种宠物。

(36) 浴室、卧室里可以撒一点香水。

(37) 宽容他人的缺点。

(38) 大度地接受他人的批评。

(39) 常常整理书籍。

(40) 不时静思默想上几分钟。

(41) 看看动画片，读点童话故事。

(42) 跟儿童交朋友。

(43) 给自己买些布娃娃之类的玩具。

(44) 衣服颜色尽量多种多样。

(45) 说话与用餐时有意减慢速度。

(46) 品味美食，但忌高脂肪食品。

(47) 克服嫉妒情绪。

(48) 常常做深呼吸。

(49) 常常拥抱亲人。

(50) 化妆有助于摆脱紧张。

 实践练习

情 绪 拼 盘

(1) 准备一张白纸、一支签字笔、一个圆规、一盒彩色画笔。

(2) 现在请你静下心来，仔细回忆过去 5 天中自己经历了哪些情绪，将这些情绪记录在纸上，并计算各种情绪的占比。例如，在过去的 5 天中，累计有 2 天持有愉悦的情绪，则愉悦情绪的占比为40%。

(3) 在纸张空白处用圆规画一个大圆，这个圆代表你最近 5 天的情绪拼盘。根据情绪所占的百分比，将整个情绪拼盘分割成若干部分，并用彩色画笔涂上不同的颜色，如"愉悦"涂成绿色、"愤怒"涂成红色、"伤感"涂成灰色、"恐惧"涂成黄色等。

(4) 制作好情绪拼盘后，你对自己的情绪状态有什么新的认识？接下来你该怎么调整自己的情绪？

注意事项：

(1) 此活动需要学生在相对安静的室内环境开展，尽可能地减少外界声音等的干扰；

(2) 教师要引导学生静下心来回忆近 5 天的情绪，并如实记录在纸上；

(3) 学生完成"情绪拼盘"后，教师要引导学生思考什么是健康的情绪，将活动与教学目标相联系，切莫让游戏与课程内容脱节。

 思考题

1. 什么是情绪？情绪具有哪些特点？

2. 大学生常见的情绪问题有哪些？这对大学生有什么影响？

3. 结合所学内容，谈谈大学生应如何控制不良情绪。

大学生恋爱与性心理

爱情不是花荫下的甜言，不是桃花源中的蜜语，不是轻绵的眼泪，更不是死硬的强迫，爱情是建立在共同语言的基础上的。

——莎士比亚

学习目标

1. 理解爱情的内涵；
2. 培养爱的能力；
3. 具备端正的择偶观；
4. 能够自我调节性心理的困惑。

知识要点

1. 爱情的内涵；
2. 爱情的发展特点；
3. 大学生恋爱与学习、生活的关系；
4. 大学生性心理的特点与表现。

第一节　大学生恋爱心理

一、爱的本质

1. 爱情与恋爱

爱情是人类特有的高级精神生活，是一对男女基于一定的社会基础和共同的生活理想，在各自内心形成的相互倾慕、相互爱悦、真挚诚实并渴望对方成为自己终身伴侣的一种强烈、纯真、专一、深沉而持久的感情。它是一种完善的生物、心理、美感和道德的体验。爱情是受社会因素影响的生理、心理和主观情感相结合的复杂现象，不同时代、文化、学科和学者们对爱情有着不同的理解和定义。

恋爱是一种高级的情感交流，是男女双方相互倾心、相互爱慕，以爱为中心培养感情的社会心理行为，恋爱的基本要求是平等、关心、责任、尊重和了解。恋爱能使人更活泼、勇敢、开放；恋爱关系是一种帮助性的关系，双方彼此信任，能接受和提出批评而不担心影响两人关系；恋爱能提高一个人的能力，实现外部的成长，也能增加生活中的快乐，是友谊和吸引力的延续。恋爱经过一段时间的稳定发展和巩固，就会把男女双方带入婚姻的殿堂。

2. 爱情三角理论

美国心理学家罗伯特·斯滕伯格提出的爱情三角理论认为，爱情由三种成分构成：激情、亲密和承诺。激情是一种动机或驱动力，主要特征为性的唤醒和欲望，也就是俗称的"有感觉"，一见钟情就是激情在起作用。亲密是情感性的，包括热情、理解、沟通、支持和分享等体验，往往和精神领域的契合有关，也就是人们常说的三观一致。当激情期度过以后，亲密这个元素就成为维系爱情长久发展的非常重要的因素。承诺是认知性的，指投身于爱情和努力维护爱情的决心，也就是愿意承诺和对方发展一段长期的亲密关系。这三个成分就是爱情三角形的三条边，每个成分的强度都可以有高低的变化，因此爱情的三角形也就有各种形状和大小。三个因素的存在或缺失，会使个体产生不同类型的爱情体验，如图7-1所示。

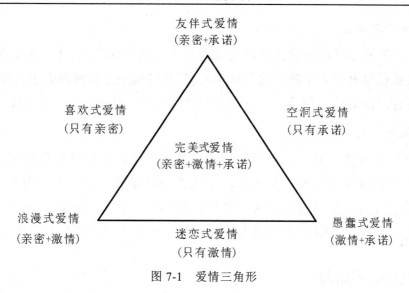

图 7-1　爱情三角形

简单来看，爱情主要有以下几种类型。

1）喜欢式爱情

只有亲密因素时，相处的双方在交往中会感觉亲切、轻松，有很强的信赖感，表现在生活中就是两个人彼此亲近，但不存在性吸引和与对方共度余生的期望。

2）浪漫式爱情

只有亲密和激情两个因素的爱情是一种最轻松、最唯美、最令人享受的浪漫之爱，但是这种爱情没有承诺，会因为幻想和新奇的减弱难以持久，往往是美好但短暂的。

3）迷恋式爱情

只有激情因素时，双方有强烈的性的吸引，但对彼此缺乏了解和信任，对对方有着强烈的思慕，但并不熟识，甚至没说过话。这种爱情能否发展为稳定的情感，取决于是否会有亲密和承诺因素的形成。

4）愚蠢式爱情

只有激情和承诺因素结合在一起的爱情缺少亲密，彼此并不十分了解，没有坚实的基础，这种爱情往往维持不了多久，随时有发生异变的可能。

5）空洞式爱情

只有承诺因素的爱情，双方对彼此只有责任和义务，是高度道德化或价值高度异化的两性伙伴关系。就爱情而言，是没有激情和亲密成分的空洞的爱。

6) 友伴式爱情

只有亲密和承诺因素的爱情以友谊为基础，包含温情和信任，但没有激情，彼此的关系已经升华为亲随式的信任和依赖，仿佛携手走过漫漫人生的银发夫妇，虽没有青春时的激情，却具有难以描述的情感深度，是不离不弃的黄金伴侣。

7) 完美式爱情

充分具备激情、亲密、承诺这三种爱情要素时，人们就能体验到完美的爱情。完美之爱本身是较为理想化的，较难长期持续的。但如果一段爱情曾存在完美之爱的阶段，就更容易长久，即使激情慢慢淡化，也可以通过双方的经营有所激发。和其他类型的爱情相比，完美之爱提供了爱情长久的最佳可能。

二、爱情的发展阶段

在恋爱过程中，不同时期恋人彼此之间相处的模式和心理感觉是不同的，体会到的爱情感悟也不尽相同，一般情况下恋爱过程分为以下五个阶段。

1. 魅力吸引阶段

对异性的好奇，渐渐变成兴趣，进而发展为爱情，爱情就是从对朋友的好意或好感演变而来。萌发爱情以后，时刻想念对方，总想和对方在一起，这就是恋爱的萌芽。恋爱对象具有的某种诱惑力，一般称之为魅力。魅力可增加双方对彼此的吸引力，但随着时间和空间的推移，真正的魅力不仅在于人的外表，更在于人的内在个性。

2. 相思阶段

一旦被某个有魅力的人所吸引，就会对这个人产生丰富的想象，如对方的专业、性格、家庭等都是想象的内容，而且想象的内容也逐渐符合自己的理想形象。不仅如此，还会千方百计寻找与对方接近的方法，如制造邂逅、请人牵线等。这一阶段也叫"单相思"，一般不会产生热烈的情欲，这一阶段的爱慕之心容易改变。

3. 告白阶段

丰富的想象之后，就会下决心向对方表白自己的爱慕之情。但要真的迈出这一步又有许多担心和焦虑，例如：如果对方拒绝了怎么办？本想向对方吐露真言，但见了面又一句话也说不出，反而假装冷淡，事后又后悔；当机会终于来到，倾诉真情后，紧张感暂时消除，但同时又会提心吊胆、战战兢兢地注意对方的反应。表白爱情一般由男方主动，女方一般腼腆内敛。在这一阶段重要的是男女双方保持平常的心态，开诚布公地交流彼此的想法。

4. 确定关系阶段

双方经过表白和接受对方的爱慕，恋爱关系宣告建立，双方立即亲密起来，一切事情都要从与对方的关系出发着想，如想和对方永远在一起，总想为对方做些什么，力求按照对方的期望去做事等。还会百般美化对方，甚至把对方的缺点看作优点。此时，恋人的赞赏有着很大的潜在力量，这种力量常被评价过高，并被视为珍品深埋在心底，每当想起它便充满幸福感。

随着恋情的发展进入热恋期，拥抱、接吻、爱语更加热烈。双方的心思和情感毫无保留，常有甜言蜜语、海誓山盟，双方进入无话不说的境界。热恋中的人常常处于激动兴奋的状态，受情感支配的程度比平时深得多，而理智则处于比较脆弱的地位。因此，热恋者总是处于强烈的爱恋之中，在恋人面前表现得过分殷勤和热烈。

5. 结果

确立恋爱关系后，有一部分情侣会达到以结婚为标志的成功境界；而一部分则可能经历另一个过程——分手。造成分手的原因很多，有可能是各种外部条件，也有可能是主观因素。

分手使人产生悲伤感、绝望感、羞耻感或憎恶感等。当双方感情难以长期保持下去的时候，恋爱双方应当采取"好聚好散"的心态来对待分手，应避免产生"不成情人便成仇人"的极端思想。

三、大学里的恋爱

恋爱虽然是追求爱情的行为，但并不是生来就有的。一个人对爱情的追求，只有当生理和心理发展到一定阶段才会产生。也就是说，恋爱是大学生生理发育和心理发展的结果。正确认识爱情，学会建立健康平等的恋爱关系对大学生的身心健康发展具有积极意义。

1. 大学生恋爱的动因

1) 渴望了解异性，满足好奇心

性生理成熟使大学生对异性产生好奇、好感和亲近的心理需要，同时也由于大学生正处于喜欢探寻自我与世界的阶段，对未知的事物充满了好奇心和探

索欲。没有恋爱经历的大学生对爱情充满了向往和好奇，渴望亲身体验，所以当机会来临时，即使可能不爱对方，也可能去尝试，以满足自己的心理需要。

2) 模仿从众，为求心理平衡

大学生的恋爱容易受到同学的恋爱观及周围恋爱情境的影响。在一个群体中(如宿舍、班级)，如果大部分人都在谈恋爱，这会给那些没有谈恋爱的大学生带来一定影响。一些大学生原本没打算谈恋爱或还没有意中人，当看到周围的同学都成双成对，双方亲密无间，生活得很有浪漫情调，而自己还是孤身一人时，心里很不是滋味，产生了一种不平衡感，于是急匆匆找个异性朋友，以显示自己不比别人差，没有落后。还有人认为没有恋人是因为自己缺乏吸引力，会被人瞧不起，甚至为此感到自卑，为了寻求心理平衡，满足虚荣心，跟随大众潮流轻率地开始一段恋爱。

3) 空虚寂寞，为求慰藉

大学生远离家乡、父母、朋友，有些人不能很快适应大学生活及当地文化习俗，加之人际关系变得复杂，使得他们常有一种孤寂之感。当不能从周围获得心理需求的满足时，他们就会谈恋爱，借助爱情来补偿心中的空虚寂寞，或摆脱人际孤独，或替补父母的关爱。

4) 追求时尚，寻求经验

有少数大学生把谈恋爱作为一种时尚和感情消费，觉得大学阶段不谈恋爱太可惜，谈恋爱追求的是一种刺激，可以满足与异性交往的欲望，从异性身上实现自己的人生享乐。更有甚者认为在大学里谈恋爱可以为工作以后的恋爱积累经验。

5) 因为爱而恋爱

部分大学生在与异性长期共同学习、生活交往过程中相互吸引、彼此了解，以感情为基础，由相知到相爱，将友谊发展为爱情。这种动机促成的恋爱，双方注重心灵的息息相通，以婚姻关系为目的，把和谐的精神生活和共同的事业成功作为共同目标。

2. 爱情与友情

爱情须以友情为基础，但友情不一定能发展成爱情。友情和爱情是具有不同内涵的情感。青年大学生在与异性交往时，常常会产生这样的困惑：分不清友情与爱情。有的错把友情当爱情，自作多情，想入非非，影响了正常的交往，造成了误会和苦恼；有的错误地认为男女之间只有爱情没有友情，带着谈恋爱的目的与异性交往，以至于尴尬不断；有的在谈恋爱后，沉醉于两人世界，忽略了同学之间的友谊，处理不好爱情与友情的关系，无端猜疑，干涉甚至限制对方与他人正常往来，引起同学之间的人际冲突。

3. 学业与爱情

在对待学业与爱情的关系上，由于青春期的心理特点，对美好爱情的追求成为主要的心理需求。"爱情第一""爱情价更高"的观点，在相当一部分大学生中流行。虽然也有许多大学生认为学业高于爱情，但真正在客观上、行为上能够正确处理好学业与爱情关系的大学生为数不多，更多的是一旦坠入情网，便不能自拔，终日沉湎于爱情，成了感情的奴隶，不知不觉中影响了学习，导致成绩下降，荒废了学业。

在当今竞争激烈的市场经济条件下，没有真才实学是难立足于社会的，奋发学习，掌握本领提高综合素质是大学生的主要任务。恋爱是人生的重要组成部分，但不是生活的全部内容。恋爱的前景如何，在很大程度上与生存状态有关。作为学生，一旦学习成绩急剧下降，不仅恋爱的好心情受到破坏，自信心也会严重受挫，甚至可能将自己的失败迁怒于对方，造成爱情和学业双失意。

4. 现在与将来

大学生的恋爱有一个重要的特点，即一些人只想恋爱而没有考虑将来的结果。他们之所以恋爱，是因为自己需要爱和被爱，还未考虑到将来的生活，对他们来说，未来美好但如梦一般虚幻。大学生来自各地，恋爱时沉浸在爱海中，无心顾及未来，等到毕业面临分手，才品尝离别的痛苦。天南地北、千里相隔的现实，使不少情侣只得忍痛分手；即使不分手，也会因为一方或双方找不到合适的工作而担忧爱情的稳定。更有许多人走上社会后，眼界开阔了，阅历丰富了，发现自己原先的想法幼稚、不现实，于是爱情动摇，以致失败。

5. 恋爱的烦恼

1) 羞怯与自卑

在心理学中，羞怯是指在社交环境中保持沉默、感到紧张，并且表现为行为上的局促和拘束。在面对自己心仪的对象时，感到紧张和不好意思是正常的，但如果习惯性地感到羞怯，则会影响到正常的人际交往，反而让自己输在爱情的起跑线上。

相比羞怯，自卑的体验更为糟糕，也更为泛化。恋爱方面的自卑主要是感觉自己对异性没有吸引力，不敢坦然与异性交往，用回避与异性接触的方式保护自己的自尊心。在羞怯和自卑背后，是对自己不恰当的评价和不合理的信念在作怪，比如认为由于某些客观条件的影响，如身材、特长、口才、出身等，自己不会得到别人的青睐。

要解决恋爱中的自卑问题，就要对恋爱吸引力有恰当的认识。外表魅力，如容貌、身材、身高等确实会对恋爱有一定的影响，尤其是在建立关系之初。但是大学生的恋爱很多时候是一种体验，是探索爱情的过程，长期相处中，大学生更注重性格、才能、人品和兴趣爱好等方面的吸引力，更关注双方的心理相容和志趣相投的程度。每个人都有吸引人的方面，每个人在择偶方面也有很高的特异性，只有在交往的过程中你才有可能遇到你钟情的对象和钟情于你的对象，所以要克服自卑，勇于交往。

2) 单恋和暗恋

根据心理学家的调查，单恋和暗恋的现象非常普遍，尤其容易发生在 16 至 20 岁年龄段的人群当中。严格来讲，单恋和暗恋并非真正的爱情，因为它仅仅是停留在单方面的倾慕和渴望的层面，而不是一段两个人之间的关系。因为单恋和暗恋无法得到对方爱的回应，所以在很多时候都会让当事人感到焦虑、迷茫，甚至产生自我怀疑，怀疑自己是否有表达爱的能力和被对方接受的可能性。

单恋和暗恋者容易产生对方也喜欢自己的错觉，过高地估计对方喜欢自己的程度，凭着自己主观的想法和愿望来解释对方的一言一行，沉迷于自己构建的爱情幻想当中无法自拔。单恋本身没有什么问题，但是如果沉迷于单恋而不能真正恋爱，以致这种状态对情绪和生活产生很大的影响时，就需要积极应对，走出单恋的消极影响。

单恋最大的困扰是当事人不敢表露自己的爱。因此，最重要的是要勇于自我表露。当事人可以挑选一个适当的时间和场合，以直接或委婉的方式，向对方表达自己心中的爱慕，了解对方的想法。如果被拒绝，就把这份爱留在心中，可以通过写日记、进行文学创作等途径来宣泄自己的不良情绪；也可以恰当地转移自己的感情，把精力投注于学习或发展自己的爱好等。

3) 爱与性

爱情的一个原始基础便是性爱，因此对于性发育已经成熟的大学生而言，在爱情关系中体验到性的冲动，或是希望得到性的满足是正常的。但是，恋爱关系并不像婚姻关系一样有法律的保护，因此婚前性行为有一定的风险。

由于性价值观念的多元化，大学生还没有形成自己稳定的性价值观，难免引起种种心理冲突。在爱与性这个问题上，典型的困扰包括：有些人觉得对恋人有性的幻想和冲动是不道德、不纯洁的，因而对性采取压抑和回避的方式，或者给自己背上道德包袱；有些人(以女性居多)尽管内心并不愿意和恋人发生性行为，但因为害怕对方因此不爱自己而勉强答应了恋人提出的性要求，之后又很后悔；还有些人对于性采取过分开放或轻率的态度，完全不考虑如何保护自己和恋人，结果酿成苦果。

4) 恋爱疲倦

谈恋爱的男女双方在经过你侬我侬的热恋期后，常会感到精神疲劳，觉得恋人似乎不那么有魅力了，心理上产生种种茫然和失落感，这在心理学上称为恋爱中的"高原心理"。它可能导致恋爱双方对对方做出错误的判断，如果不能正确对待，就有可能使本来很美满的恋爱以分手告终。

热恋时双方忘乎所以，失去自我，为了爱情不顾一切。当激情淡去，重回日常的生活轨道时，恋爱双方可能有一种厌倦感，开始看到对方的缺点和弱点，开始怀疑自己的判断，感觉爱情似乎不是自己想象中的样子。在恋爱中，激情总会过去的，热恋时我们把对方理想化了，这是正常的心理过程。关系稳定之后，我们开始看到对方的不足之处、双方不匹配的地方，我们可能会对这份爱情回归理性的思考。如果想很好地维系亲密关系，我们需要知道爱一个人要学会接纳他的一切，包括缺点和弱点。欣赏优点容易，接纳缺点却不容易做到。人的需要是多方面的，我们不能为爱情而放弃自我，既要保持自己的独立，又要维持一定的亲密关系，这是恋爱中需要学习的能力。

5) 冲突

与一般的人际关系类似，情侣之间发生冲突是在所难免的，如果处理不当，对双方的伤害可能很大，甚至会直接导致恋爱关系的终结。一般情况下，情侣之间发生的冲突本身并不是问题，真正造成问题的是双方对于冲突的态度和反应。如果在冲突发生时总把错误都归于对方身上，认为都是因为恋人自私自利或者故意这么做，或者把一个小问题扩大化，比如认为恋人迟到一次就是不爱自己，或者对恋人进行人身攻击，威胁或命令恋人，都会让冲突升级。冲突升级带来的最糟糕的结果是暴力行为。心理学家发现，躯体暴力在恋爱关系中也是很常见的，而且无论男女都可能对自己的伴侣实施暴力。无论是什么形式和程度的暴力行为都会极大地破坏两人的关系，尤其是会破坏彼此之间的信任，并且会给受到暴力侵害的一方带来很大的心理伤害。面对冲突时，双方首先要有处理冲突的意愿，只有双方愿意相互沟通，相互妥协，冲突才能有机会被讨论。接着要以"就事论事"的态度，客观陈述问题，并坦诚面对自己的情绪和感受，这样才有机会一起寻求解决问题的方式，从而真正解决冲突。以退缩、投降、攻击、说服等方式解决冲突，也许表面上可以平息冲突，但可能对这段关系有更多的长期的伤害。亲密关系中冲突的解决，不在于最后的解决方案，而在于彼此了解对方的需要并接纳对方的感受，这样每次冲突的解决，反而有助于提升亲密关系。

6）分手

并非所有的爱情都会有完美的结局，有些爱情关系不可避免地会解体。多数人在一生中都会有和恋人分手的经历，所以，对于失恋需要以平常心对待。对于投注了很多感情的大学生而言，失恋是一种强烈的痛苦体验，是人生中一次重大的挫折，甚至是有生以来第一次遭遇的重大挫折和重要人际关系的丧失。这种强烈的痛苦体验对人的影响和带来的伤害因个体不同而有所差异，但几乎每个人都会在失恋之初体会到多种负面的情感，如悲伤、失望、后悔、羞愧、内疚、愤怒等。面对重大的丧失，在短期内体会到负性的情感，甚至自我怀疑都是十分正常的。但在有些人身上，这些负性情感和自我怀疑会长期存在，转变成为持续的情绪困扰和全面的自我否定，从而严重影响其正常的学习和生活。

不是每一次爱情都会美满、顺利，更多人的爱情要经历不止一次的挫折。大学生一定要学会调适自己的心态，早日走出失恋的阴影。

第二节　大学生性心理

一、性的本质

性是在生物进化过程中融贯个体的全部素质，以性器官和性特征为主要标志，以繁衍后代为原始意义的一种客观现象。人类的性实际上是生理、心理、社会三因素共同作用的结果，是一种多维价值系统。性生理是人类性的生物学基础，性心理不仅仅是单纯伴随着性活动过程的神经精神活动，更是一种生命感受和独特的体验，这种感受和体验受意识形态、道德观念、文化沉淀等社会因素的制约，使性又具有社会学意义。

人类的性在表现过程中，一方面受性激素的影响，构成背景性性欲；另一方面受情感和道德因素的影响，构成应激性性欲。大脑综合分析来自视、听、嗅、味、触等各种感觉的刺激，并把是否喜欢、是否符合道德规范等是非标准融汇进去，最后决定性是否或如何表现出来。总之，人类的性具有生理性、心理性、社会性三方面的内涵，是这三种因素相互作用的产物。

二、性心理的发展阶段

从男女感情发展角度分析，一般将性心理的发展分为性疏远、性吸引、性接近和恋爱四个阶段。

1. 性疏远阶段

性疏远阶段一般在12～14岁，主要表现为性反感情绪。处于青春初期的少男少女性意识开始觉醒，对两性差别特别敏感，开始产生不安与羞涩心理。原来两小无猜的男女伙伴开始疏远了，在日常学习生活中男女生很少讲话，互不理睬，看到男女在一起时便起哄嘲笑。与此同时，性好奇心也与日俱增，他们渴望了解男女自身及其相互之间的秘密。性好奇导致性敏感，性敏感又导致性疏远，越疏远则越好奇，一旦接触，双方都有过敏反应。

2. 性吸引阶段

性吸引阶段一般在15～16岁，这一阶段主要表现为一种自然的对异性的亲和力和吸引力，又表现为一种不自然的退避和羞怯。十五六岁的男女青年，情窦初开，彼此之间有一种情感的吸引，有彼此接近的冲动，异性之间的疏远逐渐转变为接近。他们开始注意异性对自己的看法，常以友好的态度对待异性，并在异性面前表现自己，期望博得异性的好感。异性间的好感是恋爱的前提，但是与恋爱还有一段距离。青年初期的男女青年，往往分不清好感与恋爱的界限，以致造成心理冲突。

3. 性接近阶段

性接近阶段一般在16～18岁，随着性生理的进一步成熟，异性之间产生向往和倾慕，和异性相处感到愉快，会采取各种方式接近异性，可能有初恋发生。有的男女生在表现自己的同时，以含蓄的方式表达自己的心意和试探对方的意图，也有人递字条、写情书明确求爱。不过这一阶段亲近的对象具有广泛性、不稳定性、幻想性。这个阶段是性意识发展的一个重要阶段。

4. 恋爱阶段

恋爱阶段在20岁左右，这一阶段是性接近阶段的自然延续。其特点是感情比较稳定、专一，并由浪漫的理想走近现实。男女在各种社会交往活动中，培育着友谊，随着时间的推移，目光逐渐集中到与自己的理想模式相符的那个异性朋友身上，这样恋爱便产生了。这种恋爱已不是游戏性的恋爱，而是与结婚、未来事业和家庭相联系的。这一时期的男女性生理发育已基本完成，性心理发展达到高峰期，开始进入恋爱期。

上述性心理的发展阶段表现是性心理发展的自然现象，是多数人必须经过的阶段，是积极的、正常的。但如果缺乏正确的引导，也可能出现某些心理与行为问题。在性疏远阶段，如果受习俗观念的影响太深，就可能出现与异性交往的长期恐惧感；在性吸引阶段，如果过分热衷于与异性接触，沉湎于两性的好奇中，甚至关注淫秽不健康的内容，影响身心健康；在性接近阶段，性机能日趋成熟，而正确的恋爱观、道德观一般尚未形成，对异性的好奇心有可能导致越轨行为；在恋爱阶段，如果缺乏性道德，可能出现性问题甚至违法问题。因此，要对青少年在每一个阶段进行相应的性教育，以加强青少年在性心理方面的自我调节能力，使其性意识健康发展。

三、大学生的性心理

大学生处于性生理发育成熟，性心理逐渐趋向成熟的时期，性意识十分活跃，性冲动和性需求较为强烈。性生理成熟与性心理尚未完全成熟之间的矛盾，性生理需求与性社会规范之间的冲突，成了大学生性心理健康的主要问题，直接影响大学生的心理健康和发展。大学生处在性意识发展的最重要阶段，要建立对性的冷静、自然、科学的态度，积极参加有意义的集体活动，以高尚的追求与寄托消除性成熟带来的心理动荡与不安大学生应积极与异性建立正常交往，提高自信，学会用意志驾驭自己的情感，完善并发展自身人格。

1. 大学生性心理的具体表现

1) 对性知识的渴求

因性生理成熟而出现对性知识的渴求是性心理发展的必然结果，是正常的表现。大学生关心性问题，对性知识发生兴趣，通常通过阅读文学作品、医学书籍以及影视、录像、光碟、网页来获取性知识，探究性的奥秘。但从影视、网络里获得的性知识，很可能是不准确或不完全的，甚至是不健康的，加上缺乏性道德的知识，可能造成不良后果。大学生可通过与心理老师的交流与沟通，检查自己性观念的不当之处，纠正不良观念。也可以借鉴同龄人的性体验、性感知，消除自己在性生理、性心理发展变化方面的疑虑和恐惧，强化自己的性别角色认同。

2) 对异性的爱慕与追求

爱慕与追求异性是大学生性心理的主要表现，也是大学生恋爱的性心理基础。爱慕异性是性生理、性心理走向成熟的必然结果，男女由吸引、接近、向往、倾慕再到恋爱是性心理发展的一条主线。

一般来说，男女大学生对异性的追求特点有所不同。男性对异性的爱慕一般比较外露和热烈，但有些粗犷；女性对异性的爱慕一般比较含蓄与深沉，表现为娇媚、自尊、羞涩、执拗。

3) 性欲

性欲是指企图与异性发生性关系的欲望。青年大学生出现性欲与性冲动，是性生理、性心理发展的正常现象。性激素是性欲的生理动因，与性有关的感觉、情感、记忆与想象是引起性欲的心理因素。男孩在 12～14 岁，睾丸素迅速增加，导致性驱力迅速增强，成为性欲的强大动力。性驱力是生理性的，而性欲则既是生理性的也是心理性的。人类的性行为不像动物那样单纯，不是性一旦成熟便立即产生性交欲望，要求与异性结合。因此，人们性行为的表现方式，在很大程度上依存于个人意志的控制，不仅仅受性本能的生理机制的支配。

4) 性行为

性行为是人类行为的一种，既因为本能而自然产生，又受社会文化规范制约。人类的性行为多种多样，标准不同，分类与含义也不同。按广义和狭义分，广义性行为泛指为满足性欲、获得性快感而从外部所能观察到的一系列动作和反应，包括性交、手淫、接吻、拥抱和接受各种外部刺激形成的性行为。狭义的性行为则指两性通过性交满足性欲并得到性快感的行为。

2. 大学生的性心理特征

1) 性心理的本能性和朦胧性

大学生的性心理，尤其是低年级大学生的性心理，缺乏深刻的社会内容，基本上还是在生理发育成熟带来的本能作用下，情不自禁地对异性产生兴趣、好感、爱慕。大学生可能由于受到异性的吸引，表现出对异性的关注和兴趣，在性刺激作用下产生性心理反应，如性兴奋、性幻想、性情感、性梦等，却因性心理的不成熟难以接受自身的性冲动和性念头，容易产生羞愧、自责、苦恼和困惑。在朦胧纷乱的心理变化中，大学生的性意识逐渐成熟起来。

2) 性意识的强烈性与表现上的文饰性

青年期较显著的心理特征是思想上强烈的求理解性和闭锁性，这就导致了其心理外显方式的文饰性。在对性问题上也是如此，他们十分重视自己在异性心目中的形象和对方对自己的评价，但在外表上又显得拘谨、羞涩、冷漠；心里对某一异性很感兴趣，很想与之亲昵，但表面上却有意表现得无动于衷，不屑一顾，或作出回避的样子。诸如此类的矛盾心理与表现，使他们常常产生心理冲突和苦恼。

3) 性心理的动荡性和压抑性

青年期是一生中性能量最旺盛的时期，由于不少大学生的心理还不成熟，尚未形成稳固的、正确的道德观和恋爱观，自控能力较弱，因而他们的性心理易受外界的不良影响而动荡不安。现实生活中，一方面是丰富多彩、五花八门的性信息充斥耳目视听；另一方面是社会性道德、性规范对人们的约束，使得大学生性心理的发展处于多种矛盾的相互作用之中。一些大学生的性意识受到错误强化而沉湎于情爱中，甚至发生性过失；一些大学生对性冲动过分否定和抑制，使性的能量得不到合理的疏导、升华而导致性压抑，少数人还可能将性冲动以扭曲的方式表现出来，如"厕所文学""课桌文学""窥视""恋物"等。

4) 男女性心理的差异性

大学生的性心理因性别的不同而有所差异。在对异性感情的流露上，男性表现得较为外显和热烈，女性则往往表现得含蓄和深沉；在内心体验上，男性更多地感受到新奇、喜悦和神秘，而女性则常常感到心慌、羞涩和不知所措；在表达方式上，一般男性较为主动，女性往往采取暗示的方式。不过，这种差异近年来有缩小的趋势。此外，男性的性冲动易被性视觉刺激唤起，而女性则易在听觉、触觉刺激下引起性兴奋。

3. 大学生健康的性心理

1) 性心理健康的标准

世界卫生组织认为，随着人类文化水平和生活水平的提高，人类的性问题对个人健康的影响将远比人们以前所认识的更加深入和重要。对性的无知或错误观念，将极大地影响人们的生活质量。心理学家达拉斯·罗杰斯认为，保持健康的性心理应遵循以下标准：

(1) 具有良好的性知识。

(2) 对于性没有由于恐惧和物质所造成的不良态度。

(3) 性行为符合人道。

(4) 在性方面能做到"自我实现"，即能学会拥有、体验、享受性的能力，在社会道德的允许下，最大限度地获得性的快乐与满足。

(5) 能负责地做出有关性方面的决定。

(6) 能较好地获得有关性方面的信息交流。

(7) 能接受社会道德和法律的制约。

达拉斯·罗杰斯的标准适合于广义的成年人，对于大学生而言，健康的性心理标准应是：

(1) 有正常的性需求和性欲望。

(2) 有科学、客观的性知识。

(3) 有正当且健康的性行为方式。

正常的性需求和性欲望是性心理健康的物质基础，科学的性认识是性心理健康的自我调节机制，正当健康的性行为是指符合法律、校纪、道德等规范的行为。只有这三者协调、顺畅，才能具备健康的性心理。

2) 拥有正确的性观念

性是人类的自然属性，是人性的一部分。纵观人类历史，时代背景不同，文化传统不同，对性的认识、观念也不同。但无论何时理解性，都不能脱离生理、心理和社会三个层面。大学生正处于性生理成熟和性心理发展的重要时期，在这一时期，大学生对异性交往的需求逐渐增强，随之也带来一系列与性相关的问题。面对种种困扰，大学生要正确把握自己的性行为，处理好各种问题，保持和谐心理，就必须对性有客观理性的认识，对性的丰富内涵有深刻的理解，懂得性不仅是身体上的愉悦，也有心理和社会的影响，是生理、心理、社会的统一体。大学生要树立正确的性价值观和道德观，尊重自己、尊重他人，对自己负责，也对他人负责。要接纳自己内心因性而产生的各种矛盾和冲突，欣赏自己作为男人或女人的性别美，在接纳和欣赏中，学习如何面对各种矛盾冲突，获得成长，感受生活的美好。

3) 正确看待婚前性行为

当下大学生的婚前性行为已经不是个别现象，而是一种普遍现象。社会和家长对此感到焦虑不安，也给当事人身心造成影响。因此，引导大学生正确看待婚前性行为是很有必要的。

婚前性行为是指没有配偶的男女双方在恋爱时期发生的性交行为。婚前性行为不受法律保护，不存在夫妻间应有的义务和责任。

(1) 大学生发生婚前性行为的心理原因。大学生婚前性行为的心理原因主要有：

① 热恋心理。两人由初恋进入热恋，感情如胶似漆，难舍难分，海誓山盟，性行为也容易随之而来。

② 好奇心理。进入青春发育期的男女，随着体内性激素水平的增高，在身体发生一系列变化的同时，对性也产生了好奇心，于是抱着好奇的尝试心理发生性行为。

③ 迎合心理。一方提出，另一方出于爱或其他原因而迎合。

④ 顺从心理。这经常是女生的心理，当男友提出性要求时，她们内心并不愿意，但又抵挡不住男友的要求，于是发生了性行为。

⑤ 占有心理。因害怕失去对方而发生性行为。

(2) 婚前性行为的危害性。婚前性行为的危害性的具体表现有：

① 从生理上看，有可能造成女生怀孕。有的女生因婚前性行为多次做人工流产，给身心都带来无可挽救的创伤。有的人手术后引起炎症，导致输卵管堵塞；有的人因多次人流手术导致终身不孕。过早的性行为和流产还会使宫颈癌发病率大大提高。

② 从心理上看，当事人可能有懊悔、罪恶感、焦虑、恐惧、自卑、无价值感的心理，对自我出现了负面评价，思想压力较大；或者怀疑对方的品质、指责对方等。

③ 从社会上看，婚前性行为的后果不受法律保护，破坏了道德规范和社会行为准则，不被大众认可。

第三节　大学生健康恋爱心理的培养

一、了解自己

1) 了解自我，看清楚爱情

很多情况下，大学生的爱情烦恼来自对自我和爱情的怀疑。他们不知道自己拥有的是不是爱情，也不明了自己到底需要怎样的爱情，为此终日不安。因此，一方面大学生要对自我有一个恰当的评价，了解什么是适合自己的；另一方面要明确知道爱情绝不只是风花雪月的浪漫，更不是排遣孤寂的游戏，它是引起双方共鸣的最强烈、最崇高的情感。

了解自己，给爱情正确地定位是培养大学生爱情素质的首要前提。爱情是一种积极的情绪，而不是消极的情绪，爱情首先是给予而不是获得。爱情的"给予"是以自己对生命和生活的热爱去燃起另一个人对生活的热爱，愿意把内心有生命力的东西给予对方，同对方分享快乐、兴趣、理解力、知识、幽默和悲伤。

2) 相信爱情，但不爱情至上

大学生因为特殊的生活环境容易将爱情演绎得超凡脱俗，所以他们常常把爱情当成生命的唯一，将课业和学习能力的提升统统抛在一旁。对大学生来说，今天的学业是明天事业的基础，没有事业就会丧失安身立命之本。教师应当引导恋爱中的大学生摆正学习与爱情的关系，使爱情有一个更新、更高、更厚实的起点，这样爱情才能真正振奋心灵，激励人生。

不爱情至上还表现在，能进能出，从容面对爱情挫折。大学生总是激情澎湃，他们的爱情和青春一样生机盎然，总有些人拥有时轰轰烈烈，受挫时就山河变色。大学生应该明白爱情是坚贞的，但每个人由于性格、生活背景的差异，相识的未必相爱，相爱的未必长久，拥有的时候要珍惜，失去了就不要追悔。爱情本就不应成为大学生生活的主旋律，如果再为伊消得人憔悴，甚至为情失魂落魄、丧德丧志那就更不应该了。

3) 真挚、含蓄，文明恋爱

大学生在恋爱的过程中，由于性的吸引和双方情感的逐步加深，有可能无所顾忌地在公共场合众目睽睽之下出现抚摸、搂抱、接吻等边缘性性行为，有的大学生甚至把边缘性性行为的升级看作爱情继续发展的标志，任凭"偷吃禁果"心理肆意发展，对自己的性冲动不加抑制，发生婚前性行为。真正的爱情表现在对恋人采取含蓄、谦恭甚至羞涩的态度，而绝不是表现在随意流露热情和过早的亲昵。我们中华民族在爱情表达方式上更是讲究含蓄、高雅、委婉、庄重，同时讲究感情表达的时间和空间。大学生更应当尊重民族文化，注意行为的端正文明，用理智控制行为，用道德约束举止。

二、善待他人

1) 对他人有责任意识

爱情责任意识是指在承担爱情责任、履行爱情职责的过程中产生的并指导以后爱情行为的道德意识。爱情责任心和责任感是构成爱情责任意识的两个要素。责任心是爱情责任意识中的认知因素，它是人作为责任主体对自己在爱情中所要承担的责任的一种认识，也可以称之为爱情责任观。责任感是爱情责任意识中的情感因素，是人在承担责任、履行义务的恋爱过程中产生的自觉意识和情感体验。人的爱情责任意识通过其恋爱行为体现出来，而恋爱行为的过程与结果对责任意识的发展同样会产生重大的影响。在爱情中具备责任意识是恋爱双方感情持久的重要保障。

真正的爱情中恋爱者对对方、他人及社会都负有道德责任。恋爱中的责任意识可以促进大学生身心健康发展。大学生正处于青春发育的重要时期，由于生理、心理的发展，他们对婚恋的关注和对恋爱甚至性的尝试成了生活的一个重要部分。但由于大学生的人生观、道德观、婚恋观、性爱观等还不成熟，加上社会上各种错误思潮的影响，有些大学生形成了错误的婚恋观，在不同程度上忽略了爱情中的道德责任，导致种种不负责任的行为出现，给恋爱者自己或对方的身体、心理造成了严重的伤害。因此大学生要培养自己在爱情中的责任意识，一个不负责任的人不会得到社会的认可，也很难得到美好的爱情。

2) 爱他人

爱自己和爱他人是密不可分的。爱他人不是无我状态，按照对方的期望塑造自己，也不是将所爱的人塑造成自己所期望的样子。爱他人包括以下几个方面。

(1) 尊重所爱的人。尊重是与人交往的前提，更是奠定感情基础的前提。恋爱既是两人心灵的共鸣，又是双方的自我成长，是使双方积极的潜能得到发挥而非按照某种愿望或标准塑造对方，使其成为自己希望的那样。事实上，每一份爱情中都包含着期待效应，对方都在向着彼此喜欢的方向发展。这就要求我们要尊重所爱的人，让对方在爱的港湾中自由发展，以他自己喜欢的方式发展自我。我们不仅要尊重他人的人格、尊严、习惯，更要尊重他人的私人空间及其选择。

(2) 帮助对方积极发展自我。积极的恋爱使个体潜在的心理能量得以释放，乐意为所爱的人努力。爱也是积极向上的精神力量，促使相爱的两个人向着更好的自我发展，更加努力地自我完善，而非自我束缚、自我放纵，更重要的是将爱情引向积极的、有利于双方发展的方向。

(3) 共同创造美好未来。真正的爱是内在创造力的表现，是一种关怀。关怀的含义在大学的环境中又有所延伸。关怀应该在照顾好自己的前提下适当关心他人，帮助他人。如果只是一味地依赖、索求，这样的爱只会在埋怨中痛苦地结束。真正的关怀不是锦上添花，而是雪中送炭。爱不是一种消极的冲动，而是应该追求所爱之人的发展和幸福，拥有这种追求的基础是具有爱他人的能力。

三、树立正确的爱情观

爱情观是人们对爱情问题的根本看法和态度，是人生观的反映。爱情观在不同的历史时期，受不同的经济条件、社会制度、思想文化状态的影响和制约，有着不同的内容，并且随着社会发展而不断发展和变化。在大学环境中，每个学生都是带着家人的嘱托、社会的期望和对自己的承诺走进大学。进入大学后，他们认为自己有理由享受生活，享受青春，更要享受青春的激情——爱情。那么，身处大学校园的学子应该如何看待爱情呢？

1) 爱情是人生的重要内容，但不是人生的全部

正确认识爱情的本质，摆正爱情的位置，是建立正确恋爱观的基础，也是大学生谨慎驾驶爱情之舟的前提。对于大学生的恋爱，学校应积极引导，以提高大学生爱与被爱的能力为前提，通过解决大学生恋爱过程中可能出现的问题，促进大学生的心理健康和人格完善，使他们树立正确的爱情观。

2) 爱要主动给予，理智接受

一起看电影、一块儿散步这种形影不离并不代表爱情的实质，这仅仅是一种表面现象。爱的能力首先表现为给予的能力，因为爱情是高尚的，是以互爱为基础的，爱是一种奉献而非索取，是一种给予而不仅仅是获得。但这种给予和奉献并不是一般意义上的给予和奉献，是用自己的人格来影响对方的人格，用自己的生命力去激发对方的生命力。这表现在以下方面。

(1) 爱的主动给予来自于成长过程中爱的需要的满足。一般情况下，一个得到爱的满足的人会成为积极的爱的给予者，不会把精力全部花在满足个人需求上面，而是会为自己的幸福和进步付出一定的时间和精力。

(2) 爱的主动给予是对爱的价值的肯定。如果一个人意识到爱的可贵，必然将寻求爱的机会。其自尊至少有一部分是建立在主动给予爱的能力的基础上的，假如不处在积极主动的爱的位置，自己也将感到没有彻底地自我实现。

(3) 爱的主动给予也建立在自爱的基础上。一个不爱自己的人，谈不上爱他人。因为爱自己意味着关心自己的幸福和进步，并为实现这一目标而努力，爱自己实际上是爱的能力的一种表现。反之，一个不爱自己的人是很难或是不会爱他人的，自爱的程度越高，主动给予爱的能力越强。

(4) 理智地接受爱。一些人不能接受来自他人的爱情，对于他们来说，那些爱情表现过分甜蜜，令人畏惧和逃避，甚至怀疑对方可能在做戏或利用自己达

到某种目的。对此，应避免曲解他人的爱，同时也不应压抑自己爱的愿望，其实接受别人的爱就像其自发地给予爱一样。

3）勇敢地拒绝爱

勇敢地拒绝爱是对自己不愿或不值得接受的爱加以拒绝的能力。拒绝爱要注意以下两点。

(1) 在不希望得到的爱情到来时，要果断、勇敢地说"不"。因为爱情来不得半点的勉强和将就。如果优柔寡断或屈服于对方的穷追不舍，发展下去对双方都是不利的。

(2) 要掌握恰当的拒绝方式。虽然每个人都有拒绝爱的权力，但是尊重每一份真挚的感情是对他人的尊重，也是对自己的尊重，同时是对个人道德情操的检验。不顾情面，处理方法简单轻率，甚至恶语嘲弄，结果使对方的感情和自尊心受到伤害，这种做法是很不妥当的。

4）理性地发展爱的能力

发展爱的能力并不是非要具体到对某一异性的爱，可以是更广泛意义上的爱。我们的亲人、同学、朋友、祖国和人民都值得我们去热爱。发展爱的能力，就是要培养无私的品格和奉献精神，要培养善于处理矛盾的能力，有效地化解、消除恋爱和家庭生活中的矛盾纠纷，为恋人负责，为社会负责，才能创造出幸福和谐的人际关系。

◇ **案例**

小李，男，20 岁，某高职院校二年级学生。小李一年级时与同班一女同学相恋，刚开始两人感情很好，后因个性不合，观点有分歧，再加上因小事发生了几次争吵，女生越来越烦，对小李失去耐心，最终移情别恋，与小李分手。小李无法接受，每次想起两个人曾经的美好时光就泪流满面，失恋的痛苦就像恶魔一样，无情地折磨着小李的心。他常常借酒消愁，情绪抑郁，无心学业，对新生活的期待与憧憬也化为乌有。渐渐地小李对女生产生了怨恨，甚至到女生宿舍去痛骂她。

案例讨论：

1. 案例中的情侣分手的原因是什么？

2. 大学生应如何调适失恋引发的负面情绪？

 **实践练习**

鲁宾爱情与喜欢量表

请针对自己的实际情况对下列陈述做出判断，符合记 1 分，不符合记 0 分。比较前 13 项与后 13 项的分数，衡量自己的感情是爱情还是喜欢。

爱情量表的 13 个方面：

1. 他情绪低落的时候，我觉得我的职责是使他快乐起来。

2. 我在所有事情上，都可以信赖他。

3. 我觉得我要忽略他的过失是一件很容易的事。

4. 我愿意为他做所有的事情。

5. 我对他有一种占有欲。

6. 若我不能和他一起，我觉得非常不幸。

7. 假如我孤寂时，首先想到的就是去找他。

8. 在世界上我关心很多事，但是有一件事就是他幸福不幸福。

9. 他不管做什么，我都愿意宽恕他。

10. 我觉得他的幸福和成功是我的责任。

11. 当我和他在一起时，我可以什么事都不做，只是用眼睛看着他。

12. 若我也能让他百分之百地信赖，我觉得十分快乐。

13. 没有他，我觉得难以生活下去。

喜欢量表的 13 个方面：

1. 当我和他在一起时，我发觉好像两人都有相同的心情。

2. 我认为他非常好。

3. 我愿意推荐他去做被人尊敬的事。

4. 依我看来，他特别成熟。

5. 我对他有高度的信心。

6. 我觉得无论什么人和他相处，都会对他有很好的印象。

7. 我觉得我和他很相似。

8. 在班上或团体中，我愿意什么事都支持他。

9. 我觉得他是许多人中最容易让别人尊重的那一个。

10. 我认为他是十二万分聪明的。

11. 我觉得他是所有我认识的人中，最讨人喜欢的一个。

12. 他是你很想向他学习的那种人。

13. 我觉得他非常容易赢得别人的好感。

结果解释：

爱情测试和喜欢测试中符合你自身情况的项目分别有多少？按规则计算得分，如果爱情测试的分数低于喜欢测试的分数，那么你对对方喜欢的成分多于爱，你们之间的感情是友情而非爱情；反之则是爱情而非友情。

 思考题

1. 什么是爱情？大学生的爱情应该如何发展？

2. 大学生的性心理特征有哪些？

3. 大学生应该如何培养健康的恋爱心理？

第八章　大学生的挫折应对与压力管理

当一个人有勇气从黑暗中抬起头来，而向光明大道走去，他后面便不会有阴影了。上天完全是为了坚强我们的意志，才在我们的道路上设下重重的障碍。

——泰戈尔

学习目标

1. 具备必要的情绪宣泄，避免过分的心理压力；
2. 掌握积极的放松方法；
3. 提升应对挫折和压力的能力。

知识要点

1. 挫折与压力的概念；
2. 挫折与压力的双面性；
3. 积极应对挫折和压力的方法。

第一节　挫折与压力概述

一、挫折

1. 挫折的定义

挫折是指人们在有目的的活动中，遇到的阻碍人们达成目的的障碍。挫折在心理学上指个体有目的的行为受到阻碍而产生的必然的情绪反应，会给人带来实质性伤害，表现为失望、痛苦、沮丧不安等。挫折易使人消极妥协。挫折由挫折情境、挫折认知、挫折反应三个因素构成。

(1) 挫折情境是指阻碍需要获得满足的内外障碍等情境状态或情境条件。如失恋、考试不及格、求职不顺利等。构成挫折情境的可能是人或物，也可能是各种自然、社会环境。

(2) 挫折认知是指个体对挫折情境的认知和评价。

(3) 挫折反应是指伴随挫折认知，对挫折情境产生的情绪和行为反应，如愤怒、焦虑、紧张或攻击等。

在上述三个因素中，挫折认知是最重要的。挫折认知是人主观上对挫折情境的一种评价，它直接决定着个体对挫折情境的反应。如果客观上有障碍存在，但主观上并无认知，就不会构成挫折情境，或个体将别人认为严重的挫折情境认知评价为不严重，他的挫折反应就会很弱；反之，如果将别人认为不严重的或根本不存在的挫折情境评价为严重，则会引起强烈的情绪反应。因而，在大多数情况下，即使面对同一挫折情境，不同的人会产生不同的挫折反应。生活中常可以看到，面临同一挫折情境，有的人反应轻微，持续时间短，而有的人则反应强烈，持续时间长。

2. 挫折产生的条件和原因

1) 挫折产生的条件

挫折的产生是不以人的主观意志为转移的，具备下述几方面的条件，个体就会产生挫折：

(1) 有行动的动机和明确的行动目标。

(2) 有实现动机和达到目标的手段或行动。

(3) 在实现动机或达到目标的道路上，因遇到障碍或干扰，个体动机或目标不能实现。

(4) 个体对实现目标的行为受到阻碍或干扰不能接受。

(5) 个体必须有由于对阻碍的知觉与体验而产生的紧张状态和消极的情绪反应。

2) 挫折产生的原因

产生挫折的原因主要有两个方面：一是主观因素，二是客观因素。

(1) 主观因素。主观因素是指个人生理和心理上的条件与需要发生冲突，个人所具备的智力、能力、容貌、身材以及某些生理上的缺陷所带来的某些限制，导致不能胜任某项工作或学习而遭到失败，产生挫折感。心理上的原因则更为复杂，最主要的原因是动机不能实现，需要得不到满足时的情绪与自己的抱负水平不等值。如果一个人把自己的能力估计得太高，期望水平超过个人的实际水平，当期望不能实现时，就容易产生挫折感；有些甚至自不量力，去追求一些根本就无法实现的目标，这必然会产生严重的挫折感。

(2) 客观因素。客观因素是指由于外界事物或情况阻碍人们达到目标而产生挫折。这里的客观因素又可分为自然物理因素和社会人为因素。自然物理因素是指达到目的的一些硬件达不到，比如要想搞好学习，却交不起学费，没有生活费，没有电脑，买不起工具书，生病时无法医治等。社会人为因素是指个体人际关系极为紧张，在工作或学习岗位根本无法施展自己的才能，以及管理不当等。

3. 挫折的双面性

1) 消极性

人在经历挫折时会产生焦虑、烦恼、恐惧、愤怒等不良情绪反应或粗暴的消极对抗行为，这些负性情绪或行为如果强度太大或持续时间过长，不仅会给他人造成严重损害，还会影响个人的身心健康，引发各种身心疾病。

2) 积极性

挫折对个人的积极影响在于挫折引起的适度的紧张和压力，有利于个人更清醒地认识自己及所处环境，使人能不断调整自己，从挫折中吸取教训，磨炼意志，更加成熟、坚强，在逆境中奋起，从而有更好的发展。

4. 挫折的情绪反应

人在遭受挫折时伴随着强烈的紧张、愤怒、焦虑等情绪，会做出各种各样的反应。它或许表现为强烈的内心体验，或许表现为特定的行为。情绪性反应的表现形式很多，常见的有焦虑、攻击、冷漠、退化、压抑、固执、轻生等。

(1) 焦虑是人在遇到挫折后最常见的一种心理反应。人在受到挫折后，情感反应是非常复杂的，它包括自尊心的损伤、自信心的丧失、失败感和愧疚的增加，最终会形成一种紧张、不安、忧虑、恐惧等感受所交织成的复杂心情，概括起来称为焦虑。适度焦虑对提高效率、激发潜能有一定的积极作用。然而，过度焦虑是有害的，严重的会导致心理疾病，发展成焦虑症。

(2) 个体遭受挫折后，常常引起愤怒的情绪，为了将愤怒情绪发泄出去，便可能出现攻击性行为。攻击性行为的形式有直接攻击和转向攻击两种。直接攻击是受挫折后将愤怒的情绪直接导向造成其挫折的人或物，多以动作、表情、语言、文字等表达出来，表现为对人讥讽、谩骂、殴打或损坏物品等形式。直接攻击易发生在那些缺乏生活经验，头脑比较简单，易冲动、鲁莽的人身上。这些人由于缺乏理智，往往不会全面考虑事情，容易造成严重的后果。转向攻击是受挫折者由于种种原因不直接攻击造成挫折的对象，而是把攻击转向自己或其他无关的人和物。转向攻击行为造成的后果同样严重，常发生在自信心比较差、情绪比较悲观压抑、力量较弱或比较自我克制的人身上。

(3) 冷漠是比攻击更为复杂、隐蔽的一种消极心理反应，表现为受挫后对挫折情境漠不关心、无动于衷，似乎没有情绪反应，其实是个体把愤怒和痛苦暂时深埋心底压抑自己的一种表现。冷漠反应常在个体不堪忍受挫折压力、攻击行为无效或无法实施、又看不到改变境遇的希望时发生，也可见于长期反复遭受同一挫折而无能为力的情境下。这种反应表现为表面冷漠退让，内心深处则往往隐藏着很深的痛苦，这种痛苦由于压抑极深对身心的危害很大。

(4) 退化指个体在遭受挫折后，表现出与自身年龄、身份很不相称的幼稚行为。如像孩子那样号啕大哭、耍赖、任性、做事没有主见、蒙头大睡等。退化是一种由成熟向幼稚倒退的反常现象，这实际上是一种防御应对。因为当人们遇到挫折后，如果以成人的应对方式面对挫折，就会产生心理上的紧张、焦虑和不安，受挫者为了避免出现这种情况，往往会放弃已经习得的成人的正常行为方式，而恢复早期幼儿的方式加以应对，从而减轻内心的心理压力。

(5) 压抑是指把不被意识所接受的，使人感到困扰或痛苦的思想、感情、意向和经验在不知不觉中抑制到潜意识中，不去回忆，主动遗忘。压抑不能从根本上解决问题，被压抑的痛苦经历并没有消失，而是被埋藏起来，常常会不自觉地对人们的心理和行为产生影响，并且一旦出现相近的情境，被压抑的东西就会冒出来，对个体造成更大的威胁和伤害，长期积累会诱发心理障碍或身心疾病。

(6) 固执是指个体遭受挫折后，听不进批评或劝导，看不清挫折实质，而是一意孤行地坚持自己的做法，盲目重复导致其遭受挫折的无效行为，其结果往往使个体失去改变困境的机会，在挫折中越陷越深。固执的最大特点是非理智性，企图通过重复无效动作对抗挫折。固执是一种不明智的消极对抗行为，是一种不健康、非理性的反应。

(7) 轻生是人遭受挫折后的极端情绪反应，也是针对自身的转向攻击行为。这是当一个人受挫后，烦恼和苦闷发展到极端，对事态产生极端恐惧，对生活彻底失去信心，对现实感到绝望，处于一种万念俱灰、生不如死情绪状态时所采取的一种极端的行为。通常挫折的打击大大超出受挫者的挫折承受力，特别是当受挫者将受挫的原因归结为自己，并对自己丧失信心，将自己作为迁怒的对象时更易导致轻生行为。轻生是一种危害性极大的消极反应。

二、压力

1. 压力的定义

从心理学角度看，压力是压力源和压力反应共同构成的一种认知和行为体验过程，即心理压力。从生理、社会、心理学的角度可以把压力理解为一种复杂的身心历程，它包含压力源、认知评估、焦虑反应三个部分。

(1) 任何具有伤害或威胁个人的潜在因素的情境或刺激，统称为压力源，即压力来源。

(2) 个体认为经历的刺激或情境，对于个体确实有所威胁时才构成压力，如果认为经历的刺激或情境是种解脱或乐趣而不是威胁时不构成压力，这个过程就是认知评估。

(3) 个体意识到自己生理的健康、身体的安全、心理的安静、事业或自尊的维护，甚至自己所关心的人等正处于危险的状况或受到威胁时所做的反应，就是焦虑反应。

压力是个体面对一定刺激或必须作出选择及改变时的个人感受。压力是一种持续不断的体力和心理的付出，时时刻刻消耗着人的耐心、活力与激情。压力有时也有它积极的一面，能带来生活的乐趣，适当的压力能促进个人成长。

一般来说，大学生所遇到的任何变动或习惯改变都可称为压力。痛苦会带来压力，快乐也会带来压力，愉快与不愉快的事情都会造成压力，只是不愉快的事情产生的压力通常比愉快的事情产生的压力要大一些。压力的来源主要是内部和外部两方面。

内部压力来自人的自身，包括人的态度、思想和情感。挫折和冲突最容易给人带来压力，大学生会因屡次遇到挫折而产生压力，面临不安和恐惧压迫时，也可能产生压力。

外部压力来自外界环境，包括学习、工作、人际关系、家庭、金钱以及健康情况等。比如：与父母、老师、同学关系的不协调会产生压力；当一个学生角色负荷太重或同时必须扮演多重角色，而别人对自己的期望又过高时，也会产生压力。

压力并不全部产生负面的影响，压力所产生的作用因人而异。一般来说，当压力处于太低的水平时，情绪唤醒水平过低，人容易产生厌烦情绪，从而降低个体的绩效水平；当压力强度逐渐增加到中等水平时，压力所产生的生理唤醒水平能够提高个体的效能及注意力水平，此时即为压力的最佳水平；当压力强度进一步加大时，个体注意力更集中，生理唤醒超负荷，信息加工范围更为集中，个体的身体处于危险当中。从这个意义上说，个体面对压力时有两种选择：一是选择适合自己达到最佳水平的压力，忽视过高的压力水平，调整过低的压力水平；二是学习压力应对策略或压力放松技术，降低生理唤醒水平，使自己远离压力大的区域。

2. 压力的类型

按照压力产生的情境和后果，压力可以分为三类：正性压力、中性压力和负性压力。

(1) 正性压力可被认为是积极的、激励的、令人愉快的。正性压力情境下，个体技能会被唤醒，个体潜能会被激发。正性压力是有益的压力，产生于个体被激发和鼓舞的情境中。当压力持续增加时，正性压力会逐渐转化为负性压力。

(2) 中性压力则无所谓好坏，它引起的后续生理唤醒和心理不会对个体造成负担，这也是我们大部分人日常生活的基本状态。

(3) 负性压力即有害的压力，经常被简称为压力，它是消极的、压抑的、令人不快的，经常伴随着恐惧和愤怒的负面情绪。负性压力根据时间维度可以进一步细分为急性压力和慢性压力。前者持续时间短，强度大；后者持续时间长，强度低。急性压力是瞬间意识到可能的危险而引起的生理和心理的变化。慢性压力不会立刻产生迅速的生理和心理变化，但对生理和心理的危害会更大。

按压力的轻重程度以及构成不同，可将压力分为单一性压力、叠加性压力和破坏性压力。

(1) 在生活的某一时期内，经历着某一种事件并努力去适应它，而且其强度不足以使我们崩溃，那么这时体验到的压力为一般单一性压力。个体在适应此类压力的过程中付出了努力，只要在心力衰竭阶段没有崩溃，并且没有再发生任何事件，那么就会提高和改善自身的某些适应能力。

(2) 叠加性压力有两类：一是同时性叠加压力，即在同一时间里，有若干构成压力的事件发生，当事人体验到的压力称为同时性叠加压力；另一种是继时性叠加压力，即两个以上能构成压力的事件相继发生，后继的压力恰恰发生在第一个压力的第二阶段或第三阶段，这时当事者体验到的压力称为继时性叠加压力。

(3) 破坏性压力又称为极端压力，包括战争、自然灾害、意外事件等带来的心理压力。人在遭遇或对抗破坏性压力后，其心理状态会产生失调后遗症，心理学上称为创伤后压力失调，也叫作创伤后压力症、创伤后压力综合征、创伤后精神紧张性障碍、重大打击后遗症等。

3. 压力的双面性

1) 压力的消极性

在心理反应方面，过度的压力感受会给人的心理带来许多负面影响，从而损害心理健康。首先，压力会引起个体情绪状态的不稳定，主要表现为紧张不安、焦虑、郁闷等情绪的交替变化。其次，压力会直接影响人的认知与思维，在强烈的压力体验下，个体的认知容易出现偏差，思维容易走向极端，注意的范围狭窄，思维灵活性、记忆力下降等。最后，过大的压力会增加我们的心理不安全感。强烈的压力体验使个体处于高唤醒状态，自我受到威胁，处于敏感、不安的心理状态中。

在生理反应方面，强烈的压力体验给个体身体带来的损害主要表现为血压升高、心跳加快、出汗、瞳孔放大等，甚至出现炎症、免疫力下降等不良后果。

在行为反应方面，压力会让个体在行为上表现得更为突出。比如，在强烈的压力情境中，个体甚至可能会出现退缩、强迫行为以及失眠、冲动、酗酒、自杀等消极行为，以降低压力带来的强度。很明显，这些行为不仅损害了个体的身心健康，还增加了新的压力。

2) 压力的积极性

压力有助于我们维持身心的唤醒水平，保持警觉，对人类的生存具有积极的意义。在压力情境中，个体会表现出积极的反应。压力具有以下积极的作用：

(1) 压力是推动我们积极应对困境的动力。压力可以激发我们的斗志，最大限度地发掘我们的潜力。

(2) 压力使我们处于唤醒状态，为采取应对行动提供必要的准备。重要的工作任务会给我们带来不小的压力，这些压力促使我们想办法调节自己的紧张状态，保持良好的心态。

(3) 压力可以促使我们成长。在经历了一次压力事件后，当类似的事件再次发生时，我们会有足够的经验和资源解决困境，同时，压力带来的身心反应程度明显下降。应对压力的过程，也是我们不断反思、总结经验的过程，再次遇到类似的情境就不会有失控的感受。

(4) 压力能够增进我们的幸福感。压力事件可以使我们有机会重新从认知、情感等多个方面审视自己现在的"幸福状态"，珍惜现在。

4. 压力的反应机制

压力作用于个体之后，会引发一系列变化，如心跳加快加强，血液循环加快，血压升高；内脏血管收缩，骨骼肌血管舒张，血流量重新分布；呼吸加深加快，肺通气量增多；汗腺分泌迅速；代谢活动加强，为肌肉活动提供充分的能量等。这一系列活动均有利于机体动员各器官的贮备力，尽力应对环境的变化。根据科学研究，在适应压力的过程中，个体的生理、心理及行为特点分为警觉、搏斗、衰竭三个阶段。

(1) 警觉阶段。警觉阶段又称唤醒期或准备期。此时人体发现事件并引起警觉，同时准备应对。人体主要器官的活动处于兴奋状态，包括呼吸、心跳加快；汗腺分泌加速；血压、体温上升；骨骼肌紧张等。

(2) 搏斗阶段。搏斗阶段又称战斗期或反抗期。继警觉之后，人体会全身心投入战斗，或消除压力，或适应压力，或退却。这一阶段人体生理、心理和行为特征为：警觉阶段的生理生化指标恢复正常，外在行为平复；个体内部的生理和心理资源以及能量被大量耗费；个体变得极为敏感和脆弱，即便是微小的刺激，也能引发个体强烈的情绪反应。

(3) 衰竭阶段。衰竭阶段又称枯竭期或倦怠期。由于抗击压力的能量已经消耗殆尽，此时个体在短时间内难以继续承受压力。如果一个压力反应周期之后，外在的压力消失了，经过一定时间的调理休息，个体很快就能恢复正常的体征。如果压力源持续存在，个体仍不能适应，那么一个能量已经消耗殆尽的人，就必然会发生危险。长期处于叠加性压力和破坏性压力状态下的人容易出现身心疾病，就是这个道理。

第二节　积极应对挫折与压力

一、积极应对挫折

1. 正确认识挫折

挫折对人来说是一种危机，更是一种挑战。一个人能否经受挫折打击，关键在于能否增强挫折承受力。如何提高对挫折的适应能力，学会理性地对待挫折和积极化解挫折，是大学期间必须认真面对和思考的人生课题。当人们面对挫折时，心理平衡往往遭到破坏，出于自我保护的本能，人们会产生一种自觉或不自觉地要消除或减轻这种状态的倾向，会有意无意地采取某种方式来恢复心理平衡。

个人具有的一种摆脱痛苦、减轻不安、恢复情绪、平衡心理的自我保护机制，就称为心理防御机制。这是一种自发的心理调节机能，具有两面性：一方面可以起到使人适应挫折、减轻精神痛苦、促进发展的作用；另一方面也会使人逃避现实、降低对生活的适应能力，从而导致更大的挫折，甚至产生心理疾病。

积极的心理防御机制可以帮助大学生缓解受挫后的心理压力，调整好心理和能力状态，赢得战胜挫折的时机。常见的积极心理防御机制有以下几种。

(1) 仿同。仿同又称认同，指一个人在遇挫而痛苦时效仿他人获得成功的经验和办法，使自己的思想、信仰、目标和言行更适应环境的要求，从而在主观上增强自己获得成功的信念。

(2) 升华。一个人在遇到挫折后，将自己不为社会所认可的动机或需要转变为符合社会要求的动机或需要，或遇挫后将低层次的行为引导到有建设性、有利于社会和自身的较高层次的行为，就是升华。升华不但能转移或实现原有的情感，而且能创造积极的价值。

(3) 补偿。由于主客观条件的限制和阻碍，个人的目标无法实现时，设法以新的目标代替原有目标，以现有的成功体验去弥补原有失败的痛苦，称为补偿。

(4) 幽默。一个人在遇到挫折、困境或尴尬时，用幽默的方式来化解，维护自己的心理平衡，这不仅是一种聪明的做法，也是心理素质较强的表现。

2. 挫折的心理调节

大学生学习和掌握一些自我心理调节的方法是十分必要的，这有利于在受挫时有效地化解因挫折而产生的焦虑、紧张、郁闷等不良情绪，提高挫折承受力。大学生可选择适合自己的方法来调节挫折心理。下面介绍几种常见的方法。

1) 暗示调节法

心理学研究表明，暗示作用对人的心理活动和行为具有显著的影响，内部语言可以引起或抑止人的心理和行为。自我暗示即通过内部语言来提醒和安慰自己，如在内心告诉自己"没关系""不要紧""不要着急""会好起来的"，以此来缓解心理压力，调整不良情绪。

暗示的语言要积极、肯定，千万不要采用消极、否定的暗示语言；暗示时，运用的意识要温和，不要带有强制性；在一段时间内，最好只用一种暗示语或某一个特定暗示语。

2) 放松调节法

大学生还可以通过身体放松的方法来调节挫折引起的紧张不安感。放松调节通过身体的主动放松，增强自我控制的能力，达到缓解焦虑情绪的目的。放松的方法有很多，如全身肌肉放松法、深呼吸放松法以及想象性放松法等，这些方法对于应对过度焦虑、稳定情绪具有特殊的效果。其中，深呼吸放松法最简便易行，不受场所、时间等条件限制，行、坐、站、卧都可以进行，其目的是通过深呼吸，使身体各组织器官与呼吸节律发生共振，进而达到放松的效果。

3) 想象调节法

想象调节法是指想象现实生活中的挫折情境和使自己感到紧张、焦虑的事件，学会在想象的情境中放松自己，并使之迁移，从而能在真实的挫折情境和紧张的场合下应对各种不良的情绪反应。

想象调节的基本做法是：首先学会有效地放松；其次把挫折和紧张事件按紧张的等级由低到高排列出来，制成等级表；然后依据等级表由低到高逐步进行想象脱敏训练。

4) 运动调节法

医学研究表明，人在运动流汗时，新陈代谢变快，随着汗水排出体外，人的压力也会得到释放。人遭受挫折后，通过运动可以转移注意力，避免固着于不开心的事情上；通过运动可以放松身心，不再过度紧张、焦虑；通过运动还能使人充满朝气，排解沮丧、抑郁等消极情绪。运动的方式因人而异，体育锻炼、散步、郊游、定向越野、爬山、游泳都能使人转换心境。

3. 提高挫折承受能力

挫折承受能力是衡量大学生是否具有良好的适应社会能力和是否心理健康的标志之一，这种能力不是先天就有的，是后天学习、实践、锻炼的结果。提高挫折承受力可以从以下几个方面做起。

1) 善待挫折

挫折是生活的一部分，是普遍存在的一种社会心理现象，它的产生是无可避免的。因为人生不可能一帆风顺，大千世界纷繁复杂，客观事物在不断地发展变化，人们对它的认识是一个不断深化的过程，而且某一动机和目标能否实现，既取决于相应的客观条件和环境，也取决于人们的主观认识与客观事物相吻合的程度。在这个过程中总会遇到一些障碍和干扰，所以挫折难以避免。当旧的目标达到以后，又会产生新的需要，新的动机，使人们确立新的目标，如此循环往复、螺旋上升。

挫折既是坏事，又是好事。挫折一方面使人失望、痛苦，另一方面又给人教益和启发，磨砺人的意志，催人奋进。适度的挫折感能有效地调动机体的积极因素，促使人采取有效的行动适应周围环境，提高适应能力和挫折承受力，使人更加成熟、坚强，促进人格的成长。

2) 正确认识自己

人在情绪低落的时候，最容易自我贬低，在挫折中消沉。首先，正确认识自己，能够发现自己的长处和优势，从而肯定自己，增强自信，振奋精神。其次，正确认识自己，有利于调节抱负水平。抱负水平是指在从事某种实际活动之前，对自己要达到的目标规定的标准。有些挫折是自我抱负水平与实际有效行为之间矛盾的结果。如果一个人自我评价和抱负水平过高，虽全力以赴，仍力不从心，达不到希望的目标，则会产生失败感；如果一个人自我评价和抱负水平过低，固然容易达到目标，但得不到心理满足，也会有挫折感。应当正确认识自我，根据自己的实际能力审视目标是否得当，所定的目标最好既有足够的把握又要经过一定努力才能实现。正确认识自己的方法有：发现自己的优点、肯定自己的能力、培养自己在某方面的兴趣、发挥自己的外在美等。

3) 主动接受生活锻炼

良好的适应挫折、适应社会的能力，是人们在不断受挫和解决困难的过程中获得的。主动接受生活锻炼，就是自觉主动地将自己放到一个充满矛盾、错综复杂的环境中去锻炼，它对于正处在学习、成长中的大学生来说，是一种明智而必要的选择。其意义不仅在于提高大学生适应大学生活的能力，顺利解决大学生活中的一系列问题,更重要的是这种积极、主动的态度,能使大学生在迎接挑战、经受考验的过程中,获取丰富的人生经验,掌握应对挫折困境的有效方法,提高适应各种环境的能力,为将来走上社会打下良好的基础。大学生提高适应能力的途径很多,如进行社会实践,参加竞争性强、参与性广的校园文化活动等。

4) 培养进取性品质

不同心理品质的人,其挫折承受力也不相同,而具有较强的挫折承受力的人往往有一个共同的特点——具有进取性品质。具有较高挫折承受力的人面临挫折时,不是被动承受,而是主动进击,积极动脑筋,想办法,努力改变困境。提高大学生心理挫折承受力应从培养进取性品质入手,在点滴细微中严格要求,使他们乐观自信、自强不息。

5) 积极寻求社会支持

遇到挫折时积极主动寻求社会支持,可以帮助个体战胜挫折,增强挫折承受力。社会支持是指一个人通过社会关系和社会组织获得他人在物质和精神上的帮助与支持,从而消除或减轻挫折带来的精神紧张状态。一个完备的支持系统包括亲人、朋友、同学、同事、邻里、老师、上下级、合作伙伴等,当然还应包括社会服务机构。对于大学生来说,家庭、学校和同辈群体是学生成长的社会支持系统。大量研究结果表明,在同样的压力情境下,那些得到较多社会支持的人,比很少获得类似支持的人心理承受力更强,身心更为健康。因此,大学生要处理好家庭关系,扩大交往范围,多交朋友,处理好与同学、老师等各方面的关系,发展和保持和谐的人际关系,来构建强有力的社会支持系统。当遇到挫折时,不要把自己封闭起来,而应尽快与自己的好友或家人进行沟通,寻求他们的支持和帮助。如若受挫后陷入极端恶劣的情绪中不能自拔,而亲朋好友也无能为力时,应及时寻求心理咨询机构的帮助。

二、积极应对压力

1. 正确认识压力

1) 压力效应源自认知

认知在压力反应中起到了关键性作用。我们对压力事件的认识要经过两个阶段:针对事件本身的初级评价阶段和对自身可利用应对策略的次级评价阶段。在初级评价阶段,对压力事件会形成无关、消极和积极三种评估。初级评价结果会直接影响到在次级评价阶段对事件的再次评价。初级评价阶段反映我们对压力事件的威胁程度和性质的知觉，次级评价阶段反映我们对自己应对能力和资源的知觉。这两个阶段共同决定了我们可以选择什么样的应对策略，做出什么样的反应。在初级和次级评价阶段形成的看法直接影响到我们对应对策略的选择，继而引发不同强度的压力反应。从压力反应强度来看，威胁性评价造成的压力感受最为强烈，这种评价不仅会直接导致生理唤醒水平迅速增强，而且会让我们对事件形成不能获得成功的信念，使我们的自尊、自信心受损。

2) 让压力成为积极压力

压力是由于需要应对的事情超过个体内外的应对资源而导致的一系列非特异性的生理及心理反应。其中，对压力刺激的认知评价是关键。如果个体通过对压力源的评价而做出积极的反应，那么这就是积极压力；如果个体通过对压力源的评价而做出消极的反应，那么这就是消极压力。

既然认知在压力体验的过程中如此重要，那么可以通过梳理对压力事件的认识来改善我们的压力反应状况和强度，将消极压力转化为积极压力。主要可以从以下几方面进行努力。

(1) 转换角度，关注压力事件积极的方面，寻找到希望。

(2) 学会乐观地接纳现状，找寻出应对的意义。

(3) 学会在压力困境中寻找解决问题的方法和资源，获得掌控感。

(4) 在应对压力的过程中体验到积极情绪。

总之，无论我们面对的困境有多严重，只要能够在面对、解决压力事件的过程中充满希望，找寻到应对事件的意义和价值，获得掌控感和应对效能感，就能体验到积极情绪，这个事件带来的体验会成为积极压力。

3) 改变压力认知的方法

(1) 调整我们的认知信念。

当处于压力作用下时，我们都会对自己能否成功应对当前的困境形成一定的认识或信念，这就是我们所说的应对信念，又叫应对效能感。应对信念通过决定选择何种调节策略，间接地影响了应对效果和人们的身心健康状况。在日常生活、危机事件的应对过程中，积极的应对信念能够帮助我们选择有效的应对策略，降低自杀行为的发生概率，增进主观幸福感，维护身心健康。

积极的应对信念还能够缓解慢性压力事件带来的不利影响。从目前的研究结果来看，积极的应对信念可通过三个方面增进个体身心健康：第一，积极的应对信念会让个体体验到高自尊、高自信，直接弥补家庭环境带来的不利影响。

第二，积极的应对信念会影响个体应对策略的选择，拥有积极应对信念的个体能感受到自己可利用的应对资源较多、具有较强的应对能力，从根本上消除压力事件的负面影响。第三，积极的应对信念会促使个体从积极的角度看待目前的困境，降低因家庭困境带来的压力感受性。

(2) 改变语言思维的组织模式。

从认知的角度来看，认知在压力反应过程中起到关键性的作用。我们要改变压力的感受，除了改变认知以外，还可以通过改变我们的语言思维的组织模式来实现。对情绪的认知评价是通过语言来体现的，反过来，改变语言思维的组织模式就有可能使我们对事件产生新的认识。

有时我们并不完全是因为压力事件而产生强烈的体验，而是错误的语言思维组织模式造成了自己的困境。要学会使用语言澄清自己真实的想法，不要被语言思维组织模式所蒙蔽。要给自己和他人留下一点选择或者变通的思维空间，增加正面、肯定性结果发生的可能性，缓解压力强度。要改变局势，可以先改变内心状态，运用语言去把消极低沉的心态调整为积极进取的心态，重新确定清晰的行动目标和途径。

2. 控制、应对压力

压力与外界刺激之间存在着有趣的联系：在没有外界刺激的情况下，人们也可能会感到有压力，而外界刺激不一定能产生压力。压力与感知环境有很大关系，从某一个角度来解释一件事或许会感到有压力，而从另一个角度解释则会感觉良好。当处于某一环境时，我们所拥有的技能与信念决定我们是否会从中感到有压力。技能可以改进，信念可以修正，而环境也可以改变。这些都要求大学生拥有"控制压力"的能力。可以通过以下几个方面控制、应对压力。

(1) 提升自信心。

大学生保持快乐并能抵御学习生活压力的一个重要因素是有自信心。自信心是一种反映个体对自己是否有能力成功地完成某项活动的信任程度的心理特性。高自信心的人通常有高活力，维持适当的自信，坚持"我一定做得到"的想法是必要的。事实上，即使有了实力但缺乏自信，也容易陷入"我不行""做不到"的极端，从而增大自己的压力。因此，大学生应努力提高自信，培养自信心，以此克服压力。

(2) 控制自己的情绪。

不同的个体对压力的承受能力是不同的。人类的情绪反应源于对外界事物的评价，人类不是被问题所困扰，而是被对问题的看法所困扰。许多与压力有关的问题常常是因为非理性和不正确的思维引起的。在面对压力时，暴怒、抑郁、焦虑、失去信心是最常见的反应，这些反应都是人类对外界刺激所作出的情感反应。大学生不能控制事件本身，却能控制自己对事件的情绪反应。

（3）有效管理时间。

时间压力通常是现代人最大的压力。当下关于如何管理和利用时间的书籍很多，关于时间管理的咨询机构也大规模出现，各种管理时间的技巧不胜枚举。然而，大部分人在时间管理方面的表现却越来越糟糕。消除时间压力源和有效管理时间的技能有两个：一是有效地利用每一天的时间；第二个是做长远打算，有效地利用一段时间。

（4）学会放松自己。

放松是指身体或精神由紧张状态转向松弛状态的过程。当压力事件不断出现时，通过放松有意识地控制自身的心理和生理活动，可以降低机体唤醒水平，增强适应能力，调节因压力反应而造成的心理和生理功能紊乱。此外，还可以学习放松训练的应对压力技术，通过机体主动放松来增强自我控制能力。放松的方式很多，如全部放松、渐进放松、直接放松、想象放松、静坐放松、呼吸放松、肌肉控制放松等。

（5）坚持体育锻炼。

体育锻炼可以明显地减轻压力。一是因为体育锻炼能使人身体健壮、精力充沛，增强应对压力能力；二是暴露于压力情境的时间因锻炼占用的时间而减少；三是某些锻炼如散步、慢跑等也提供了一个"空闲"的机会，使我们有时间对问题加以反思，寻求解决问题的策略。体育锻炼应以适量和娱乐性为原则，过量的运动不但不能减轻压力，反而会成为新的压力源。

 实践练习

评估自己最近一个月内的压力表现，选择符合的答案，然后计算得分。

1. 觉得手上学习任务太多，无法应付。

（1）无　　（2）偶尔有　　（3）经常有

2. 觉得时间不够，要分秒必争，如过马路时爱闯红灯，走路或说话的节奏很快。

（1）无　　（2）偶尔有　　（3）经常有

3. 觉得没有时间消遣，终日记挂着学习/工作。

（1）无　　（2）偶尔有　　（3）经常有

4. 遇到挫败时很容易发脾气。

(1) 无　　(2) 偶尔有　　(3) 经常有

5. 担心别人对自己学习/工作表现的评价。

(1) 无　　(2) 偶尔有　　(3) 经常有

6. 觉得老师和家人都不欣赏自己。

(1) 无　　(2) 偶尔有　　(3) 经常有

7. 担心自己的经济状况。

(1) 无　　(2) 偶尔有　　(3) 经常有

8. 有头痛/胃痛/背痛的毛病，持续未见好转。

(1) 无　　(2) 偶尔有　　(3) 经常有

9. 要借助药物、零食、烟酒等抑制不安的情绪。

(1) 无　　(2) 偶尔有　　(3) 经常有

10.需要借助安眠药协助入睡。

(1) 无　　(2) 偶尔有　　(3) 经常有

11. 与家人/朋友/同学的相处令你发脾气。

(1) 无　　(2) 偶尔有　　(3) 经常有

12. 与人交谈时，你爱打断对方的话题。

(1) 无　　(2) 偶尔有　　(3) 经常有

13. 上床后思潮起伏，仍有很多事情牵挂。

(1) 无　　(2) 偶尔有　　(3) 经常有

14. 学习/工作任务太多，不能每件事情做到尽善尽美。

(1) 无　　(2) 偶尔有　　(3) 经常有

15. 当空闲时轻松一下，也会觉得内疚。

(1) 无　　(2) 偶尔有　　(3) 经常有

16. 做事急躁、任性，事后又感到内疚。

(1) 无　　(2) 偶尔有　　(3) 经常有

17. 觉得自己不应该享乐。

(1) 无　　(2) 偶尔有　　(3) 经常有

记分标准：

选择"无"记 0 分；选择"偶尔有"记 1 分；选择"经常有"记 2 分，将所有选项结果相加，计算出总分。

压力自测结果：

0～10 分：精神压力程度低，但可能生活中缺乏刺激，做事的动力不高。

11～15分：精神压力程度中等，虽然有些时候感到压力较大，但仍可应付。

16分及以上：精神压力偏高，应反省一下压力来源，寻求解决方法。

 思考题

1. 挫折与压力的双面性是什么？

2. 大学生常见的压力有哪些？

3. 调节压力的方式有哪些？

4. 大学生应该如何积极应对挫折和压力？

生命教育与心理危机应对

生命是一条艰险的峡谷，只有勇敢的人才能通过。

——米歇潘

学习目标

1. 感受生命的意义；
2. 培养心理危机识别与应对的能力；
3. 珍爱生命、健康生活。

知识要点

1. 生命的本质；
2. 生命教育及其意义；
3. 大学生心理危机干预的方法。

第一节　生命教育

一、生命的本质

生命的内涵是在宇宙发展变化过程中自然出现的存在一定的自我生长、繁衍、感觉、意识、意志、进化、互动等丰富可能的一类现象。

生命只有一次。生命可贵，生命无价，虽然我们每个人无法决定生命的长度，但是我们可以掌握自己生命的宽度，即实现生命的意义，活出人生的精彩，展现自我的价值。生命总会面临无尽的挑战，唯有探索生命的意义，培养尊重生命的态度，关怀、珍爱每一个生命，热爱生活，积极乐观，才能拥有一个丰富的、无悔的人生。

1. 生命存在的形式

生命构成了世界存在的基础，世界正是因为有了生命才变得生动和精彩。而所有生命存在中，人是超越一切其他生命现象之上的存在。"任何人类历史的第一个前提无疑是有生命的个人的存在。"人的生命存在的形式有生物性、精神性和社会性三种。

(1) 生物性的存在。人是生物性的存在，生物性是人的生命最基本的特性，是人的生命的社会性、精神性存在的前提和基础。人的生命作为一个自然生理性的肉体存在，生长和发展就必然要服从生物界的法则和规律，所以，衣食住行、吃喝拉撒、生老病死是每一个人都会经历的，也是每一个人都无法逃避的。

(2) 精神性的存在。人之所以为人，在于人不仅仅是为了满足自己的自然生命存在而活着，还要追求超越生物性存在的精神性存在。人要规划自己的人生，创造自己的价值，指导和提升生物性的存在。正是有了生命的精神性的存在，才使人的生命有了意义和价值，有了理性的意蕴和道德的升华。

(3) 社会性的存在。每个人要想生存下去，就必须参与和融入社会活动中，在与人的沟通、交往和互动中拓宽自己的生命，追求自己生命的意义，实现自己生命的价值。正是这种社会性的存在使人在面对千差万别、千变万化的社会生活时，能够有一种生命的智慧和坚定的信念；使人在面对有生有死、有爱有恨、有聚有散、有得有失的有限人生和无奈命运时，能够有一种豁达的胸怀和安然的态度。

2. 生命的特征

从心理学意义来说，生命并不是泛指一切生物之生命，而是指自然人的生命，具有以下特征。

(1) 生命的不可逆性。从胚胎起，生命便一直生长、发育，以至衰亡。它绝不会"倒行逆施"，返老还童。

(2) 生命的完整性。生命的完整性又叫双重性，人的一生，从出生到死亡是一个不断充实生命的过程。人与动物的区别在于，人不仅具有自然属性，还具有社会属性。因此，人不会仅仅满足于吃、喝、拉、撒等基本生存需求，还会不断追求高于生存价值的精神生活，这种对精神生活的追求使人获得自由与解放。于是，人成为自然生命与价值生命的双重统一体，人的生命成了生理的、心理的和社会性的统一整体，人的生命具有了完整的意义。这种完整意义使生命的内涵更加丰富和深刻。

(3) 生命的有限性。每个人的生命都是有限的，即生命具有时间性，而时间是不可逆转、不可重复的，它融会了过去、现在和未来，死亡是未来的注定结局。从自我存在那一刻起，生命就具有了时间性，因而生命有它自己的开始，也有自己的终结。所以，生命的意义不在于结果，而在于过程，在于能将有限的生命引向无限的价值的境界。所以，在有限的生命里，我们应该微笑对待每一天，勤奋对待每一份工作，坦诚对待每一个人，平和对待自己，把欢乐和慰藉带给家人，用心感悟生命，学会珍惜生命，这无疑是对亲人的尊重，是在尽自己的一份责任。

(4) 生命的创造性。生命就是运动、不间断的运动。但生命比单纯的持续运动更为丰富，生命是不断产生新内容的创造性运动，生命的基本特点就是创造性。人通过创造去把握生活的变化，通过创造去发现生命的意义，通过创造去实现对自己生命的认识、把握和超越。

(5) 生命的独特性。世界上没有完全相同的树叶，世界上也没有绝对相同的人。每个人都是不同的个体，秉性不同，性格不同，追求不同，习惯不同。任何生命都是唯一的、独特的，是不可替代的。正是因为生命具有独特的个性，它赋予了人存在的唯一价值，即任何人的存在都具有合理性。所以，我们一定要记住，生命是宝贵的，生命只要存在就有意义。

3. 生命的价值

每个人在一生中都要思考诸如"为何活着"的问题，这就是人对于生命的意义发自内心的追问，是人对生命的价值的一种探索。

(1) 生命的存在价值。

从生命的自然属性来看，人的生命作为一种特殊的物质存在，其本身就具有价值，这是人的生命所特有的属性。生命最首要、最一般的价值就是生命本身，因为失去生命就不能利用其余的一切价值。生命的存在价值是无可取代的，生命是人之根本，是人们创造价值、实现自身价值的前提，而人的其他价值归根到底是生命存在价值的具体表现。

每个人的存在都是平等的，不能因性别、年龄、种族、受教育程度或对社会贡献大小等方面的差异把生命分为三六九等。生命是人之根本，维持生命的存在是每个人不可剥夺的权利，因此所有人的存在价值理应受到他人及社会的承认、尊重和维护。

(2) 生命的生活价值。

从生命的社会属性来看，人的生命具有生活价值。一方面，从个人的生活价值的角度来看，在生命延续过程中，个人只有在与他人的社会交往中不断地完善自我、充实自我、更新自我，才能学会享受生活、创造生活；另一方面，从社会的角度看，人的生活价值指向于社会、指向于群体，人也是为社会、为人民、为集体而生活。通过人的社会性创造活动，促进社会的发展，改善人民的生活，成为生命的生活价值。生命的生活价值是基于生命生存价值之上的创造价值。个体的生活价值源于生命的创造性，因此每个社会成员应当在有限的生命过程中发挥最大的能量和潜力，尽可能多地为社会、为人民创造价值，从而实现个人的生活价值，使自己的人生更加富有意义。

(3) 生命的超越价值。

从生命的精神属性来看，人的生命具有超越价值。人的生命是有限和无限的结合，也是肉体和精神的统一。由于生命的有限，人才追求精神、信仰的无限。超越价值侧重于个人精神层面的追求，主要表现为个人对人生意义和生命价值的思索和追寻，追求有理想、有信念、有道德修养的精神家园。另外，人是社会中的人，不能脱离社会单独存在，人通过关爱他人、关心家庭，对他人和集体负责，为社会做出应有的贡献来体现自己的生命价值，从而实现超越的需要。生命的本能是爱自己的生命，但同时人是有感情的，具有同情的本性，能够推己及人，珍惜他人的生命。生命超越性的本质在于生命理念的升华及生命本质的超越，他人的生命与自己的生命同样重要，因此我们必须善待一切生命，实现生命的升华和超越。

二、尊重生命

1）珍爱生命，认识生命的意义

大学生应该珍视生命本体的存在价值。人的生命价值离不开生命的存在与延续，不仅要珍爱与珍惜自己的生命，也要尊敬与敬重他人的生命。生命存在于普遍联系之中，所有生命的链条都是环环相扣、互相依存的。大学生应该珍爱自己的生命，同时也要珍爱他人的生命，对自己的生命负责，对家庭与社会负责。

2）树立健康的死亡观

人类对死亡的探索伴随着整个哲学史与科学史的发展。恩格斯在《自然辩证法》中提出：生就意味着死。新时代的大学生应该树立科学、合理、健康的死亡观。中国伟大的思想家孔子主张以生的意义抵消死的侵袭，他认为如果我们的生命过得充实而有意义，死亡就并不可怕了。

生命的意义不在于长短，而在于被如何使用。死亡的事实不是一种威胁，也不是让生命荒废而过，而是让我们利用时间使生命的价值达到极限的推动力。大学生通过对死亡的思考，可以帮助自己正确评价自己的生活，进而激励自己珍惜生命、珍爱健康，提高自己的生命和生活质量。

3）树立积极的人生观

大学生应该树立乐观的人生态度，以积极的心态面对挫折与失败。大学生很多负面情绪的产生与其自身内部的挫败感相关，也与自身的目标期望有关。古人非常重视个人人生态度的修炼，如"穷则独善其身，达则兼济天下""淡泊明志，宁静致远""成己达人"等。当代大学生也应具有开阔的胸怀、乐观的生活态度和正确的生活目标，遇到挫折、失败与逆境能够正确看待并积极应对。

每个大学生都应积极关注自我的心理状态，当面临成长危机与境遇性危机时，要积极运用自身资源与社会资源，主动寻求社会支持，想办法将危机化解在萌芽状态。特别是当发现自己萌生自杀意念时，一定要求助于亲朋好友或学校的心理咨询中心，以积极的方式对待自己的问题，并及时解决。

三、生命教育及其意义

生命教育是指对个体从出生到死亡，通过有目的、有计划、有组织地进行生存意识熏陶、生存能力培养、生命价值提升，最终使其生命质量充分展现的活动过程。生命教育的宗旨是珍惜生命，注重生命质量，凸现生命价值。生命教育是一种全人的教育，让人认识生命现象，感悟生命境界；生命教育是一种自我认识及自尊的教育，让人了解自己的优缺点和性格，并对各种生命现象持尊重态度和人道关怀；生命教育是一种生活教育，在生活中发生，也需要在生活中实践；生命教育是一种体验教育，让人身历其境地感受和体会生命存在的意义。

生命教育的内容主要包括人与自己、人与他人和人与环境的教育。人与自己包括认识自己，接纳自己，欣赏自己，尊重自己，发挥潜能，思考自己生命的历程，每项重要的生命事件对自己的意义，以及个人应该如何面对与采取行动；人与他人包括了解他人，尊重他人，与人和睦，关怀弱者，尊重、珍惜他人的生命；人与环境包括建立生命共同体，经营人文和自然环境的可持续发展，学会欣赏生命的美丽与高贵，无论是动物的生命、植物的生命，都能发现其美丽之处。

生命教育的目的在于协助人建立正面积极的人生观、价值观，整合个人的知、情、意、行，使人拥有健康的人格和丰富的人生，做到自我实现与自我超越。

生命教育不可能不谈死亡，因为生命就是由生到死的过程。谈论死亡，就要触动生，明白生命的意义，寻找正确的生命方向进行追寻。死亡教育的目的是引导学生对生死进行思考，以促进其对生命的警醒与觉察，降低其对死亡的害怕、恐惧与逃避，使学生能够以坦然、积极的态度面对死亡，懂得珍惜自己和他人的生命，同时唤起对生命意义的思考，进而提高生活质量。

第二节　心理危机干预

一、心理危机概述

1. 什么是心理危机

心理危机是指由于突然遭受严重灾难、重大生活事件或精神压力，使生活状况发生明显的变化，尤其是出现了用现有的生活条件和经验难以克服的困难，以致使当事人陷于痛苦、不安状态，且常伴有绝望、麻木不仁、焦虑，以及植物神经症状和行为障碍。

人与环境之间始终处于一种动态平衡中，任何人都会在其一生中的某个阶段遭遇困难、应激，或遭受心理创伤。当个体面临逆境，缺少环境(社会)支持，缺乏应付技巧，不能解决问题时，就会产生紧张、焦虑、抑郁和失望等情绪问题；由于个体不能承受极度的紧张和焦虑，发生情绪崩溃或想寻求解脱，导致情绪失去平衡，就会进入危机状态。当然，当人处于应激状态及"最低"的功能状态时，额外的、小的刺激也有可能打破平衡，使其进入危机状态。

一般情况下可以从以下几个方面理解心理危机。

(1) 心理危机的产生往往是因为发生了重大的内外部应激事件，如亲人死亡、情感破裂或天灾人祸等。这些事件之所以成为引发心理危机的刺激，在于当事人用一般的应对方式暂时不能处理，即当事人暂时处于束手无策、手足无措的境地，不能迅速有效地采取应对措施。

(2) 心理危机是一种主观的认识和感觉。同样的事件，对有的人来说会产生心理危机，但对另一些人可能不会产生任何影响，关键是看当事人是否感觉到威胁、挑战、失落甚至是绝望，是否觉得事件能够得到及时缓解和控制。如果答案是"否"，那么即使很小的事情，也可能会导致当事人情感、认识、行为方面的功能混乱，使心理内部环境出现巨大失衡以至不能自持甚至出现精神崩溃的状态。

(3) 心理危机会有身心反应。个体面对危机时会产生一系列身心反应，主要表现在生理上、情绪上、认知上和行为上。生理方面常出现肠胃不适、腹泻、食欲下降、头痛、疲乏、失眠、做恶梦、容易受惊、感觉呼吸困难或窒息、有哽塞感、肌肉紧张等表现；情绪方面常出现害怕、焦虑、恐惧、怀疑、沮丧、忧郁、悲伤、易怒、绝望、无助、麻木、否认、孤独、紧张、不安、愤怒、烦躁、过分敏感或警觉、无法放松、持续担忧、担心家人健康、害怕染病、害怕死去等表现；认知方面常出现注意力不集中、缺乏自信、无法做决定、健忘、效能降低、不能把思想从危机事件上转移等表现；行为方面常出现反复洗手、反复消毒、社交退缩、逃避与疏离、不敢出门、害怕见人、暴饮暴食、容易自责或怪罪他人、不易信任他人等表现。

2. 心理危机的分类与结局

大学生心理危机主要有以下几种类型。

1) 发展性危机

发展性危机又叫适应性危机或成熟性危机，是指个体在其成长发展过程中，遭遇环境或自身生理的急剧变化所导致的异常应激反应。对于很多大学生而言，他们遇到的很多问题是前所未有的，比如第一次被别人追求，第一次独立生活等。这些问题容易使得大学生产生发展性危机，如果能够很好地应对这些危机，大学生便可以得到良好的成长。

2) 境遇性危机

境遇性危机是指出现罕见或突如其来的超常事件，个人无法预测和控制时出现的危机。对当事人来说，这些事件是强烈的、灾难性的、震撼的、随机的，如父母离异、学业不良、考试不及格、考研落榜、恋爱失败、暴力侵犯、人际关系的强烈冲突等。

3) 存在性危机

存在性危机是指伴随着重要的人生问题，如关于人生目的、责任、独立性、自由和承诺等出现的内部冲突和焦虑。作为一个人，一定会去考虑生命和死亡，考虑应该如何度过自己的一生，探索自己的发展，探索自己存在的意义和价值，伴随着这种思考，大学生会出现相应的心理困扰。

此外，根据心理危机发生的原因和条件，还可以分为校内危机与校外危机、自身危机与环境危机等。

心理危机的出现必定伴随着其最终的结局，心理危机的结局主要有以下三种。

(1) 有效地应对和渡过危机，并学会了处理危机的方法策略，获得经验和成长，提高了心理健康水平。

(2) 暂时渡过危机，但并没有真正将危机解决，而是遗留下来一些认知、行为、人格问题等心理创伤，以后在一定条件下可能再次浮起，影响今后的社会适应。

(3) 经受不住强烈的刺激，心理、生理崩溃，导致自杀、攻击或精神疾病等。

二、大学生常见的心理危机来源

对于大学生来说，具体的生活情况是各不相同，遇到的困难也是各种各样的，把大学生常遇到的各种危机归结起来，一般有以下几种。

1) 期望与现实的落差带来的危机

多数学生上大学之前都是同学中的佼佼者，在一片赞扬声中和一片羡慕的目光下跨入大学校门，他们往往有雄心壮志，希望在大学里能再一展身手。然而到大学后，人才云集，群英荟萃，强手如林，以前那种优越的地位和感觉都不复存在，以至有同学觉得在大学找不到自己的位置了，便在心理上产生失落感。如果不能及时地调整心态，重新给自己定位，不良情绪会不断积累，给学生带来心理上的危机。

2) 人际关系紧张带来的危机

在大学，人际交往已经成为生活的一个非常重要的方面。如果能够在大学期间和他人建立朋友关系，产生友谊，则可以获得非常大的情感支持，有助于其顺利完成学业，健康快乐地生活和成长。但是，五湖四海的同学汇聚在一起，各自生活习惯、兴趣、性格不同，不可避免地会产生摩擦冲突和情感损伤，这便很容易引起心理危机。

3) 环境适应问题带来的危机

对每一个大学新生而言，不可避免地会遇到新环境适应的问题。从中学到大学，学习方式、人际氛围、生活环境、个人角色等各个方面都发生了巨大的改变。有些同学从小比较独立，心理适应能力强，能很好地适应这种变化。但有些同学在上大学之前，生活的重心只有学习，自然无法从容地适应这么多的变化，更不知道该如何处理这些变化带来的种种问题，这势必成为心理危机的一个重要来源。

4) 学习问题带来的危机

进入大学的很多同学可以明显地感觉到，大学的学习和中学的学习有着很大的差异。在中学，以高考为指挥棒，学习模式基本是以老师讲为主，学生的学习是吸收性的、模仿性的。而进入大学后，学习的课程多，内容深，进度快，老师以引导式讲解为主，强调学生自主学习。如果依然延续中学的学习方法，很可能会导致大学生的学业挫败感，不良情绪随之而生，长期下去便会产生某种心理危机。

5) 情感问题带来的危机

从古至今，人类探求和追寻幸福与爱情的脚步从未停止过，爱情是人生中一个非常重要的主题。大学生处于青年初期，正是追求爱情的黄金时期。然而，爱情是一把双刃剑，它可能给人带来甜蜜和幸福，但也可能给人带来痛苦和伤害。当暗恋一个人无法自拔但又始终没有勇气表白时，当怀着美好的期待进入爱情却遭遇矛盾冲突时，当要结束一段曾经投入的感情时，当事人都有可能受到极大的伤害，产生心理危机。

6) 贫困带来的危机

和其他大学生相比，贫困生有许多优秀的品质，但同时，家庭贫困也容易造成他们心理失衡。一是可能产生自卑心理和失落感。经济上的困难使贫困生容易在学习上、生活上自我否定，认为自己是弱势群体而感到自卑。二是容易产生敏感的人际关系和孤独感。家庭经济困难的学生在心理健康状况上表现为对人际关系很敏感，不愿意参加集体活动和加入组织，他们往往自我封闭，交际面狭窄。三是迷茫的择业心态和恐惧感。随着高校扩招和就业竞争的日益激烈，贫困生要承受的就业压力远远大于其他人，因为他们不仅要考虑自己的发展，还要考虑家庭的经济状况。以上三方面的问题都容易给贫困大学生造成巨大压力，成为心理危机的来源。

三、大学生心理危机干预

1. 什么是危机干预

危机干预就是对处于心理失衡状态的个体进行简短而有效的帮助，使他们渡过心理危机，恢复生理、心理和社会功能水平。危机干预有两层含义：一是泛指帮助处于危机状态中的求询者有效克服危机并降低危机带来的消极影响；二是泛指帮助企图自杀者打消自杀念头，使其重新振作面对生活，并帮助其有效地驾驭因创伤而引起的精神痛苦。

从心理学的角度来看，危机干预是一种通过调动处于危机之中的个体自身的潜能，来重新建立或恢复危机爆发前的心理平衡状态的心理咨询和治疗的技术。危机干预是短程和紧急心理治疗，本质上属于支持性心理治疗，是为解决或改善当事人的困境而发展起来的，以解决问题为主，一般不涉及当事人的人格塑造。危机干预的时机以急性阶段最为适宜，干预过程包括通过倾听和关怀，弄清问题实质，鼓励当事人发挥自己的潜能，重建信心来应付面临的问题，恢复心理平衡。

危机干预的目的是通过适当释放蓄积的情绪，改变当事人对危机性事件的认知态度，结合适当的内部应对方式、社会支持和环境资源，帮助当事人获得对生活的自主控制，渡过危机，恢复心理平衡，并预防发生更严重及持久的心理创伤。心理危机干预从过程上来说包括预防性干预、引导性干预、维护性干预和发展性干预。心理危机干预从形式上来说包括电话热线、现场干预、来访性干预、跟踪性干预。学校心理危机干预是指建立在学校教育和学校管理基础上的心理危机干预。

2. 危机干预的步骤

(1) 实现接触、保持联系，并迅速建立一定的关系。

干预者应充分利用各种条件尽快与当事人建立一定的关系，让当事人确信自己并非单打独斗，鼓励当事人开口描述危机发生的经过及目前的感受，表明寻求帮助的意愿。干预者进行自我及干预目的介绍，取得当事人的信任。

(2) 危机评估，并确保安全。

干预者迅速确定事件、危机的严重程度，了解当事人对目前危机的应对状况，判断是否需要用药或采取其他医学措施，确定需要紧急处理的问题，提供必要的保证和支持，确保当事人的生理、心理安全。

需要对当事人进行评估的有：

① 认知状态：对危机认识的真实性和一致性，危机的范围，对危机解释的合理性，是否对危机进行了夸大，危机持续存在的时间，改变危机的可能和动机。

② 情绪状态：情绪表现的形式和强度，情绪状态与环境是否协调一致，情绪表现的普遍性与特殊性，情绪与危机解决的关系，如否认、逃避等。

③ 意志行为：社会功能，社会接触面和频率，能动性水平，自我控制力，危险性行为，确定对自我及他人伤害的危险性。

④ 应对方法、资源和支持系统：什么行动和选择有助于当事人，当事人会采纳的行动是什么，其社会支持资源如何；评价创伤性事件的含义，创伤对当事人生活的影响，当事人在恢复过程中可能面临的问题；了解是否以前有过类似的经历，是如何进行控制的等。

在了解了上述情况后，应回顾所有问题，判断什么是最重要的，什么是需要紧急处理的，为下一步制订干预计划做准备。

(3) 制订干预目标。

干预的最高目标是帮助当事人渡过危机，恢复心理健康，并促进其成长。在具体制订干预目标时，应根据当事人的具体情况，制订切合实际的、可操作的、可实现的目标。

干预目标应当在对当事人全面评估的基础上，尽可能地发现资源，寻求解决这一问题的证据和方法，帮助当事人制订一个明确而切实可行的目标，及特别的行动和时间表，并在必要时提供一定的应对策略。

(4) 实施干预。

在具体实施干预之前，要让当事人理解问题的解决和渡过危机需要当事人的积极配合与共同努力；在激发动机的前提下，帮助当事人了解接受创伤性事件的含义需要时间及可能面临各种困难等。

在短期目标达到，新的应对技能发展起来后，可以确定下一个目标，通过不断地督促和强化积极变化，当事人会在获得新的应对技能的同时，症状明显改善，成功解决危机。

可具体实施的干预措施包括：向当事人解释情感活动是对危机的正常反应；鼓励当事人讨论目前感受；鼓励当事人谈述过去和现在；帮助当事人理智地面对现实，接受现实及痛苦；增进当事人对现实世界的了解，分清幻想与事实；提供应对的策略，帮助当事人建立新的支撑点，转向其他领域，从丧失性情绪问题中走出来；强调当事人对行为和决定的责任心等。

(5) 实现目标与随访。

经过积极有效的干预，大多数当事人都可以顺利地渡过危机，恢复心理健康水平。在实施干预时要根据不断了解到的情况、当事人的反应及干预的进程对干预目标进行验证和必要的调整，并调整干预策略。在当事人取得一定进步时，要善于及时地总结回顾。在结束之前，还应不断强化当事人对应对方式、资源及适应技能的使用，尽可能地使当事人接受、适应变化，熟练地掌握新的技能和利用资源。帮助当事人预测未来可能面对的情况，并对未来做必要的准备，增强当事人对处理未来可能发生的应激事件的自信心。

大学生心理危机干预是一个系统工程，心理危机干预的目标是：降低精神病发作的人数，降低因心理问题而退学或自杀的人数；使已有心理问题的学生，其心理问题得到缓解或解决；及时发现学生的心理问题，并帮助解决；使正常学生具有心理健康知识，有自我心理调节能力，能更好地适应大学生活并具有自我发展能力。

在处理校园危机事件时，应加强与学生家长、媒体、学生等人员的优先沟通，所以学校需定期安排与学生家长保持联系的活动，构建个人、家庭、学校、社会整合的心理健康支持系统。而媒体方面更是需要保持良好的互动及默契，避免因专业知识沟通不足以及危机被大肆渲染等产生后遗症。

对于心理危机我们要客观地看待它的存在，危机干预模型的最高水平是没有危机的显现，但往往又会让我们无法直接感受到它的作用。学校危机在一定程度上具有不可避免性，但是，危机是危险和机遇的并存，在希腊语中的本意就是决定和转折点，每次出现危机都是对大学管理体系的一次考验，需要我们保持冷静的头脑和科学应对的态度，发现并解决问题。本着预防为主、科学处理的原则，以维护学生的根本利益为出发点，为创建平安校园、和谐社会而积极努力，这对学校的长远发展和学生的健康成长都具有非常重要的意义。

3. 积极应对心理危机

心理危机的产生通常会导致三种结果：

① 未能有效地应对和干预，使得当事人心理危机的状态更进一步发展，沉溺于消极情绪之中，或者陷入绝望，甚至采取自杀行为。

② 虽然表面上渡过了危机，但只是暂时将不良情绪压抑到潜意识当中，并没有真正地解决问题，留下心理症结。

③ 通过外在的干预或者自身的调整，顺利渡过危机，并将危机转换成契机，从中得到锻炼和成长。

很显然，第三种结果是最理想的结果，但要达到这种结果，我们就必须积极地应对心理危机。

1) 积极求助

大学生的求学之路并非一条铺满了鲜花的平坦大道，它也有荆棘和坎坷。正如前文所说，心理危机具有普遍性，它不是哪些人的专利，人人都可能遭遇心理危机。对于很多人来说，可以通过自我调节改善自己的心理状态来应对心理危机，但是也有少部分学生在遇到心理问题时自我调节的能力有限，致使不良的情绪和心理状态影响到自己的学习和生活，这时候就需要寻求帮助了。

一般而言，人们在向他人求助时有两种途径：

(1) 向家人、朋友、师长等非专业人员寻求帮助。

(2) 向心理咨询师和精神科医生等专业人员求助。

从表面上看，每个人的社会关系网都差不多，但每个人从中获得的支持却有很大的差异。这是因为，社会关系网并不等于社会支持系统，社会支持系统是需要人去努力建立并维护的。如果我们平时不懂得体贴、关心并帮助他人，不懂得与他人分享生活，那么，我们就很难构建起自己的社会支持系统。尽管人离不开社会支持，但是在遇到困难时，我们还是要尽可能地依靠自己或社会服务机构，不要事事求助于他人。这样，在遇到难以处理的大问题时，就有可能从亲友、熟人等关系中获得广泛而有效的支持。在面对心理危机时，除了社会支持系统以外，还有一个很重要的心理帮助来自于心理咨询这一专业求助途径。专业帮助的优势在于提供帮助的专业人士受过系统专业的培训，他们会使用专业的理论和方法来帮助求助者，而且具有保密性，通常能够更有效地帮助当事人解决心理问题。

2) 学会自我调整

(1) 适当释放。释放的方式分为直接释放和间接释放。

① 直接释放。如果不幸的生活事件已经发生，大学生要意识到独自苦闷、压抑自己不但于事无补，反而会增加心理的负荷。为了保护自己的心理，当事人应及时地向信任的人倾诉，或者拨打心理热线，或者求助于心理咨询人员。通过对他人的倾诉不仅可以及时地宣泄负面情绪，减轻心理压力，而且可以在倾诉过程中获得他人的同情、安慰、关怀和忠告。当事人也可以转移自己的思维方向和注意力，通过看书、写作等方式将不幸遗忘、淡化、超脱。

② 间接释放。大学生正值青春危机期，由于"缺失性需要"和"成长性需要"都不能得到充分满足，所以容易出现心境不佳，甚至浮躁、烦恼、沮丧等负性情绪。当自己意识到这种心理低潮时，应采用调侃、幽默、逗笑、吟诗、唱歌、听音乐、散心、旅游等积极方式宣泄自己的喜怒哀乐；通过转换、投射、替代等间接方式使心理得到净化、放松。从审美的角度看，情感的这种间接释放具有艺术化倾向，它可以是一种升华。大学生在成长过程中不可避免地会遭受挫折打击或感情困惑，如果能自觉地寻找释放途径，减弱和消除不良情绪，就能有效地抵御心理疾病的侵袭。

(2) 适量运动。运动主要是通过体育锻炼，在提高生理机能的基础上改善大学生的心理防御机制。体育运动一方面可以通过提高人体生理机能来达到改善其心理防御机制的目的，另一方面，即使心理危机发生，完善的生理免疫系统也能使机体有效地帮助心理防御机制共同阻止心理危机的恶化。

运动过程是一种间接的释放，通过肌肉和心血管的锻炼，将来自潜意识的各种负面情绪升华为负向能量释放。运动过程中，宣泄对象大多数是物而非人，如足球、篮球、杠铃等，因此大学生个体内心许多被压抑的需要如自我表达、自我意识等都可以得到替代性满足。运动在调节生理机能的同时，又是一种以快乐轻松为主题的游戏，个体在一连串简单成功和快感中可以获得许多如忘我、物我同一等体验；在一些群体运动项目中，如足球、篮球等，大学生还可以发展一些亲社会行为，如合作、奉献等，因此运动也有助于启发大学生发展人际关系的技巧。运动不仅可以陶冶情操，而且可以锻炼意志品质，培养积极向上的进取意识和乐观开朗的性格。正是因为体育运动本身具有上述多种功效，所以在现代社会中体育运动受到越来越多的欢迎。

第三节　自杀及其预防措施

一、自杀概述

自杀是指有意或者故意伤害自己生命的行动。根据自杀发生的进度，一般将自杀分为自杀意念、自杀未遂、自杀死亡三种形式。自杀意念是指有寻死的愿望，但没有采取任何实际行动；自杀未遂是有毁灭自我的行动，但并未导致死亡；自杀死亡指采取有意毁灭自我的行为，并导致了死亡。如果把自杀意愿、自杀未遂、自杀死亡看作事故发展的过程，则可注意到仅有一小部分有自杀意愿者最终以自杀结束了自己的性命，但自杀未遂的发生率却是自杀死亡的 10～20 倍。

自杀的发生率在有些国家相对稳定，而有些国家则有明显的波动，但近年来世界平均自杀率总体呈上升趋势。西方国家的研究资料表明，在自杀死亡者中，男女性别比例为 3：1 左右，而在自杀未遂者中男女的性别比例为 1：3 左右。总体来说，自杀率是随年龄增加而增加的，一般男性的自杀死亡高峰年龄为 45 岁左右，而女性则为 55 岁左右。自杀未遂的高发年龄明显低于自杀死亡，据估计，31%～69% 的自杀未遂者的年龄在 30 岁以下。

自杀方式因国家、年代、民族、年龄、性别等有所不同。常见的有服毒(药)、自缢、跳楼、溺水、制造交通事故、刀伤、枪击、自焚等。自杀死亡者及男性自杀者，采用暴力性手段比较多，而自杀未遂者及女性自杀者则较少使用暴力手段自杀。

二、自杀分析

1. 自杀的动机

通过自杀未遂者事后的回忆和对自杀者留下的遗书进行分析，曾有学者总结过各种各样的自杀动机，如：摆脱痛苦、逃避现实、实现精神再生；通过死后进入天堂以获得人世间得不到的东西；为了某种目的或信仰而牺牲自己；惩罚自己的罪恶行为(现实的或想象的)；保持自己道德上和人格上的完美；作为一种表达困境的方式或向外界寻求帮助和同情的手段等。心理学家认为自杀者的心理特征常常表现为有自罚倾向、逃避现实、自我评价低。

2. 自杀者的心理状态及心理过程

自杀者共同的心理特征是孤独，认为谁也理解不了自己，谁也帮不了自己，在这个世界上唯有自己最不幸、最痛苦，因此绝望，想以死来解脱困境。但实际上他们的心情很矛盾，在想死的同时又渴望得到帮助。自杀者在自杀前具有共同的心理特征，表现为：

(1) 大多数自杀者的心理活动呈矛盾状态，处于想尽快摆脱生活的痛苦与求生欲望的矛盾之中。"生存还是死亡？"，犹豫不决。此时他们常常提及有关死亡或自杀的话题。他们其实并不真正地想去死，而是希望摆脱痛苦。

(2) 自杀行为其实是一种冲动性行为，跟其他冲动性行为一样，是被日常的负性生活事件触发的，且这种冲动常常仅仅持续几分钟或几小时。

(3) 自杀者在自杀时的思维、情感及行动明显处于僵化之中，他们常常以悲观主义的先占观念看待一切，拒绝及无法用其他方式考虑解决问题的方法。

自杀不是突然发生的，它是一个发展过程。自杀过程一般经历：产生自杀意念→下决心自杀→行为出现变化→思考自杀方式→选择自杀地点与时间→采取自杀行为。

大多数自杀者的性格特征主要表现为：过于内向、孤独，容易陷入焦虑与绝望中，偏执，过分认真，责任感过强，缺乏兴趣爱好，情绪不稳定，心情多变等，而这些性格特征常常与父母偏颇的教养态度、复杂的家庭关系有关。内向性格的人容易出现焦虑感和绝望感；认真固执，责任感强又没有爱好的人，一旦遇到困难则强烈自责，易产生自杀想法；性格外向的人自杀，多与一时冲动有关。

3. 大学生自杀的原因分析

就青少年自杀而言，从个人角度看，家庭搬迁、转校等改变引发的情绪问题，由于个人体力或智力条件的限制不能达到目的，因个人健康状况不佳、生理上的缺陷、能力不够、经验不足等原因在生活中遭到失败容易导致自杀。从心理因素分析，青年期是人一生中心理变化最激烈的时期，也最容易产生各种烦恼。研究发现，当个人内在的不快乐因素或外界环境尤其是人际关系的冲突达到令人无法忍受的地步，就可能会发生自杀行为。从不同心理发展阶段看，青少年自杀的原因也不同。小学生自杀的原因一般比较简单，如被父母训斥、责骂，被同学欺负。初中生因学习问题、家庭关系、考试问题自杀。高中生因朋友关系、对前途担忧、高考压力、学校不适应等原因自杀。大学生自杀的原因多是个人的烦恼、学业压力大、异性关系不和谐、求职择业受挫等，致使心理失衡，出现心理危机，最终选择自杀之路。

近年来大学生自杀的原因主要有：

(1) 学业压力。过去高校自杀的学生中以本科生居多，现在硕士生和博士生自杀的比例呈上升趋势。这是由于高学历学生面临的压力比过去更突出，涉世不深、心理上对挫折缺乏承受力的年轻人，一时想不开往往走向极端，结束了自己本可再度辉煌的年轻生命。

(2) 抑郁症、神经症等的困扰。自杀的大学生中，相当大的比例是由于抑郁症、强迫症等心理疾病的困扰。在自杀的时间和方式上，他们多选择在上午同学们都离开宿舍时，跳楼身亡。

(3) 环境适应不良。大学一年级新生中，适应不良是较为普遍的现象。尤其是初次离家第一次过集体生活的同学需要经历一个适应的过程，但在适应过程中，从小受溺爱或过度保护的人、性格孤僻者、内向或暴戾的人不易合群，难以适应生活的变化，在孤独感、无助感的折磨下，个别人会选择自杀。

(4) 情感挫折。恋爱是大学生中常见的现象，且多数为初恋。感情过分专注的人，一旦失恋便会体验到深切的痛苦，当他们感到难以忍受这种精神上的打击时，便会产生自杀的念头，其中女同学较为多见。

(5) 交际挫折。交际挫折是指人际交往和人际关系方面遭到挫折。在大学生群体中，人际交往并没有那么顺利，因而成了一些人心理障碍的根源。大学生的人际交往对大学生的健康成长是非常重要的，交际挫折是大学生自杀的一个诱因。

(6) 假性自杀。自杀行为本质上属于事故。有些自杀者没有自杀动机，本意并非自杀，但是由于操作不当，使得某些危险行为成为事实自杀。这些行为主要有：① 追求濒死经验；② 以自杀相威胁达到特定目的；③ 冒险体验极限运动，如疯狂赛车、极限攀岩等。

(7) 其他。其他一些少见原因，如亲子失和、经济拮据、毕业后找不到满意的工作等。

三、大学生自杀的预防

防止自杀最好的办法不是注意自杀本身，而是应当更广泛地注意是什么因素导致了自杀的发生，了解自杀的征兆有助于我们预防自杀事件的发生。

1. 自杀基本线索

自杀并非突发的。一般而言，自杀者在自杀前处于想死的同时又渴望被救助的矛盾心态，我们从其行为与态度变化中可以看出蛛丝马迹。通常一个人考虑要自杀时，我们可以从他们所说的话及所做的事判断，是否这类的话语或事件可以造成自杀行为的发生。一般而言，在自杀行动执行之前，想要自杀的人不管是在语言或是在非语言的表达上，都会显露出极为明显的警讯。自杀常见的征兆有：

(1) 对自己关系亲近的人表达想死的念头，或在日记、绘画、信函中流露、表达过自杀的意愿。如反复向亲友、同学打听或谈论过自杀方法，看有关死的书籍，在个人日记等作品中频繁谈及自杀等；一再说"我不想活了""还不如死了利索""现在没有人可以帮助我""我再也受不了了"之类的话，或者总谈论与自杀有关的事，开自杀方面的玩笑；不愿与别人讨论自杀问题，有意掩盖自杀意愿。

(2) 情绪明显不同于往常，焦躁不安、常常哭泣、行为怪异粗鲁。情绪不稳定，持续性的苦闷，喜怒无常的情况增加，长期情绪低落或哀伤。

(3) 陷入抑郁状态，食欲不良、沉默少语、失眠；表情淡漠、注意力不集中；课业或工作中表现得低落；饮食、睡眠或性习惯改变。

(4) 回避与他人接触，不愿见人；从朋友、家人与日常活动中退缩下来，无故缺课。

(5) 性格行为突然改变，像变了一个人似的；在年轻的朋友身上，可见暴力、敌意或反叛的行为，包括经常性地不告而别，中断亲密的关系，增加药物及酒精的使用量，爱情关系失败，不寻常地忽略个人的外表，人格快速地改变，抱怨生理症状，突然丢弃所拥有的物品；将原本杂乱无章的事情，整理得井然有序。

(6) 无缘无故收拾东西，向人道谢、告别、归还所借物品、赠送纪念品。

当发现所接触的人，有以上类似的情形时，应考虑其在近期内有自杀的可能性，有多项表现者，危险性更大，应当引起我们的注意，为自杀预防提供线索和可能。

2. 对自杀危险信号的误解

目前社会上对自杀危险信号存在不同程度的误解，如果不加以纠正，对于自杀的预防是很不利的。常见的误解有：

(1) "自杀事件一般都是无迹可寻的"或"表明想自杀的人通常不会自杀"。自杀者的亲人、朋友等一般对自杀者的自毁行为都会感到意外及诧异。其实大部分的自杀者自杀前都发出过直接或间接的求助信息。例如与好友道别、将事情安排妥当等。事实上 80%的自杀者在自杀前都明确表示过自杀企图或做出许多与自杀有关的暗示和警告。自杀者在作最后的决定前，很大程度上会表现出内心的痛苦及犹豫，若自杀者身边的人能及时察觉并加以援助，就会减少悲剧的发生。

(2) 自杀未遂者并非真正想死。事实上，部分自杀未遂者的死亡愿望很强烈，只是自杀的方法不足以致死或者外界抢救及时，使其未能自杀。而这些人再次自杀的可能性最大。所以，当我们遇到别人透露自杀意念时应以严肃及谨慎的态度处理。

(3) 下决心自杀的人都是坚决想死的。事实上许多自杀者在行动前常常是矛盾重重的，他们只是拿死亡下赌，看看有没有人来挽救他们，很少有人是在不让别人知道他们的想法的情况下自杀的。

(4) 情绪好转后自杀危机解除。一些情绪极度抑郁并有自杀意念的病人，有时情绪会突然好转，令人误以为他们的自杀危机已解除，而许多时候，病人就在众人放松防范时，突然自杀，其行为令人难以理解。一种解释是当一个人面对生死难以抉择时，可能会极为困扰，但当他一旦选择了自杀，像已放下心头大石，情绪反而较为平静。而且当病人死意甚为坚决时，他可能会尽量掩饰这一决定。此时应该更加小心分辨及了解。

(5) 一般人不会有自杀的念头。很多人认为除了少数人外，一般人是不会有自杀的念头的。其实，性格健康、家庭关系良好及有足够支持系统的人，其自杀念头稍现即逝，较少会发展成真正的自杀行为。然而，对于性格成长及精神状况已存有问题者而言，在缺乏支持及关怀的情况下，其自杀意念则极有机会转为具体的自杀行动。

(6) 有自杀行为者不需要精神医学干预。事实上自杀者即使不能被诊断为精神障碍，其心理状态也是极不稳定的。因此，在处理自杀者生理问题的同时，应进行相应的心理干预和适当的精神药物治疗。

(7) 自杀者都有精神病。事实上并非如此，给自杀未遂者贴上"精神病"的标签，会使他们觉得受到了侮辱和歧视，这往往成为他们再次自杀的原因。

(8) 不能与有自杀可能性的人谈自杀，否则会促发他死亡。事实上跟可能自杀的人讨论自杀的问题，可以及时发现他的自杀企图，对其自杀的危险性进行正确的评估，使他体会到关爱、同情、支持和理解，因而不会促发他自杀。当然，谈话时要注意方式方法，在涉及有关自杀的方法、手段时要谨慎。

3. 大学生自杀预防措施

1) 加强大学生心理健康教育

我们认为大学生自杀的主要原因是心理因素。因此，在大学生中宣传普及心理健康知识是预防大学生自杀的一个有效的办法。对学生进行心理健康教育，提高大学生对青年期心理特点的认识，帮助他们了解和掌握人格顺应和情绪发展的基本规律，教给他们有关青年期心理适应的技巧，如合理地宣泄、代偿、转移、升华等，使其应对挫折的能力得到提高。

学校的教育工作者、心理咨询人员以及党团干部，系、年级、班干部是预防自杀的主要人员，通过一定的培训学习，使他们能敏锐地从自杀者的行为表现中发现其自杀企图，及时加以疏导、解救和阻止，从而达到防患于未然的目的。

2) 举办或开设自杀预防讲座或课程

学校开设自杀预防讲座或课程，讲解预防自杀的一些常识；教学生辨别同学当中存在的自杀征兆，以及如何向有关机构求助等；讲授对自杀未遂者、重返校园的同学，其他同学应该采取什么态度，应特别注意不刻意营造快乐的气氛，不与自杀未遂者争辩自杀的害处，不要企图揭穿他为什么自杀，而要主动与自杀未遂者交往相处、做朋友等。

3) 加强精神文明建设，改善大学生心理环境

要加强校园精神文明建设，丰富大学生课余的文化娱乐生活，大力开展各类文体活动，培养大学生奋发向上、积极进取的敬业精神；开展各种学术活动，形成浓厚的校园学术风气；组织大学生参加社会实践活动，在实践中引导他们正确地看待社会、看待人生；组织适合学生的集体活动，促进同学之间的关爱，让学生找到归属感；教育学生认识社会的复杂性，增强他们的心理耐挫力。

针对情绪发展和人格顺应是影响大学生自杀行为的主要心理因素这一点，学校要为大学生提供一个良好的心理环境。创造这种环境的方式有：

(1) 保证大学生与正直、善良、心理健康的人接触，以利于培养其积极的情绪。

(2) 为大学生提供健康情绪的表达机会，使大学生的不良情绪得以合理宣泄，以免破坏性地爆发。

(3) 给大学生的社会行为创造成功的机会，以免长期遭受挫折和内心冲突。

(4) 培养大学生有效的心理防御机制，帮助他们学会如何保护自己。

(5) 教育学生认识社会的复杂性，从而增强他们的心理耐挫力。

4) 设立心理咨询机构

心理咨询是咨询师协助求助者解决各类心理问题的过程。心理咨询可持续、稳定地帮助大学生摆脱各种心理困扰，消除各种心理障碍，使当事人及时恢复心理平衡。受不良心理因素困扰的大学生，如果无法自我摆脱或及时得到帮助，便可能出现自杀念头。有的即使已出现自杀念头，通过咨询，配合适当的心理疗法，也能避免自杀念头发展为自杀行为。

5) 建立健全大学生心理档案

这项工作应由心理学专业工作者或受过心理学培训并有一定经验的教师来承担。心理档案主要包括该大学生的智能和智商、人格特征、气质类型的发展状况等。除了长期观察、记录大学生各方面的行为表现和心理问题外，还有必要定期进行一些心理测试，以便较准确地掌握学生心理上的变化。有关负责人对心理测验的结果要注意客观慎重地解释，严格地保密，及时地存档。为大学生建立心理档案是一项具有重要意义且难度较大的工作，最好是在教育行政部门领导的重视和支持下，组织心理学工作者、学生工作者等有关人员有计划、有步骤地开展，长期观察、记录大学生各方面的行为表现和心理问题，定期进行心理测试，以便较准确地掌握学生心理上的变化，从而预防自杀。

6) 建立完善的心理危机干预长效机制

心理危机干预是一种心理治疗方式，指对处于困境或遭受挫折的人予以心理关怀和短程帮助，它能够帮助抑郁症患者正确理解和认识自己的危机。由于患者通常无法看到生活中发生的困境与自己心理障碍之间存在的关系，所以心理治疗者可以通过倾听、提问等直接有效的方法，使患者释放被压抑的情感。研究表明，自杀者在采取行动前的 24 小时内，小的挫折和人际关系损失的发生频率都很高，帮助他们缓解这些困扰，往往就能挽救他们的生命。

 实践练习

对以下 40 道题，如果感到"常常是"，划 √ 号；"偶尔是"，划 △ 号；"完全没有"，划 × 号。

1. 平时不知为什么总觉得心慌意乱，坐立不安。　　　　　　（　　）

2. 上床后，怎么也睡不着，即使睡着也容易惊醒。　　　　　（　　）

3. 经常做噩梦，惊恐不安，早晨醒来就感到倦怠无力、焦虑烦躁。（　　）

4. 经常早醒 1～2 小时，醒后很难再入睡。　　　　　　　　（　　）

5. 学习的压力常使自己感到非常烦躁，讨厌学习。　　　　　（　　）

6. 读书看报甚至在课堂上也不能专心致志，往往自己也搞不清自己在想什么。　　　　　　　　　　　　　　　　　　　　　　　　（　　）

7. 遇到不称心的事情便较长时间地沉默少言。　　　　　　　（　　）

8. 感到很多事情不称心，无端发火。　　　　　　　　　　　（　　）

9. 哪怕是一件小事情，也总是放不开，整日思索。　　　　　（　　）

10. 感到现实生活中没有什么事情能引起自己的乐趣，郁郁寡欢。（　　）

11. 老师讲概念，常常听不懂，有时懂得快忘得也快。　　　　（　　）

12. 遇到问题常常举棋不定，再三迟疑。　　　　　　　　　　（　　）

13. 经常与人争吵发火，过后又后悔不已。　　　　　　　　　（　　）

14. 经常追悔自己做过的事，有负疚感。　　　　　　　　　　（　　）

15. 一遇到考试，即使有准备也紧张焦虑。　　　　　　　　　（　　）

16. 一遇挫折，便心灰意冷，丧失信心。　　　　　　　　　　（　　）

17. 非常害怕失败，行动前总是提心吊胆，畏首畏尾。　　　　（　　）

18. 感情脆弱，稍不顺心，就暗自流泪。　　　　　　　　　　（　　）

19. 自己瞧不起自己，觉得别人总在嘲笑自己。　　　　　　　（　　）

20. 喜欢跟比自己年幼或能力不如自己的人一起玩或比赛。　　（　　）

21. 感到没有人理解自己，烦闷时别人很难使自己高兴。　　　（　　）

22. 发现别人在窃窃私语，便怀疑是在背后议论自己。　　　　（　　）

23. 对别人取得的成绩和荣誉常常表示怀疑，甚至嫉妒。　　　（　　）

24. 缺乏安全感，总觉得别人要加害自己。　　　　　　　　　（　　）

25. 参加春游等集体活动时，总感到有孤独。　　　　　　（　　）

26. 非常害怕见陌生人，人多时说话就脸红。　　　　　　（　　）

27. 在黑夜行走或者独自在家时有恐惧感。　　　　　　　（　　）

28. 一旦离开父母，心里就不踏实。　　　　　　　　　　（　　）

29. 经常怀疑自己接触的东西不干净，反复洗手或换衣服，对清洁极端注意。　　　　　　　　　　　　　　　　　　　　　　　　　（　　）

30. 担心是否锁门和可能着火，反复检查，经常躺在床上又起来确认，或刚一出门又返回检查。　　　　　　　　　　　　　　　　　　（　　）

31. 站在经常有人自杀的场所、悬崖边、大厦顶、阳台上，有摇摇晃晃要跳下去的感觉。　　　　　　　　　　　　　　　　　　　　　（　　）

32. 对他人的疾病非常敏感，经常打听，深怕自己也身患同一种病。（　　）

33. 对特定的事物、交通工具、尖状物及白色墙壁等略奇怪的东西有恐惧倾向。　　　　　　　　　　　　　　　　　　　　　　　　（　　）

34. 经常怀疑自己发育不良。　　　　　　　　　　　　　（　　）

35. 一旦与异性交往就脸红心慌或想入非非。　　　　　　（　　）

36. 对某个异性伙伴的每一个细微行为都很注意。　　　　（　　）

37. 怀疑自己患了严重不治之症，反复看医书或去医院检查。（　　）

38. 经常无端头痛，并依赖止痛或镇静药。　　　　　　　（　　）

39. 经常有离家出走或脱离集体的想法。　　　　　　　　（　　）

40. 感到内心痛苦无法解脱，只能自伤或自杀。　　　　　（　　）

测评方法：

√得 2 分，△得 1 分，×得 0 分，将部分相加。

评价参考：

(1) 0～8 分：心理非常健康，请放心。

(2) 9～16 分：大致还属于健康的范围，但应有所注意，也可以找老师或同学聊一聊。

(3) 17～30 分：在心理方面有了一些障碍，应采取适当的方法进行调适，或寻求心理辅导老师的帮助。

(4) 31～40 分：有可能患有某些心理疾病，应找专门的心理医生进行检查治疗。

(5) 41 分以上：有较严重的心理障碍，应及时找专门的心理医生治疗。

思考题

1. 心理危机的含义是什么？
2. 生命的价值是什么？
3. 产生心理危机的原因有哪些？
4. 如何有效干预心理危机？
5. 如何预防大学生自杀？

参 考 文 献

[1]　吉家文. 新编大学生心理健康教育[M]. 天津：南开大学出版社，2012.

[2]　陈建华，高美才. 大学生心理健康指导[M]. 北京：高等教育出版社，2012.

[3]　黄小梅. 大学生心理健康教育[M]. 北京：人民邮电出版社，2014.

[4]　王丹. 大学生心理健康教育[M]. 西安：西安电子科技大学出版社，2019.

[5]　刘靖华. 心理健康教育[M]. 北京：中国电力出版社，2010.